人生の勝負は、朝で決まる。

The early bird gets on in life.

「結果を出す人」が続けている52の朝の習慣

Takuya Senda
千田琢哉

Gakken

目覚めが最悪な時代は
人生も最悪だった。

目覚めが清々《すがすが》しい時代は
人生も清々しかった。

今、あなたが幸せな人生を送っているか、
不幸な人生を送っているかが一発でわかる方法がある。
今朝の目覚めを思い出せばいいのだ。

目覚めが不幸な人は、
不幸な人生を送っている。

目覚めが幸せな人は、
幸せな人生を送っている。

もしあなたの人生を幸せにしたければ、
目覚めを幸せにすればいいのだ。
目覚めを幸せにするにはどうすればいいか考えることが、
あなたの人生を幸せにするコツなのだ。

目覚めを幸せにするコツを
自分で見つけた人が、人生の勝者だ。

私自身の人生を振り返ってみても、
目覚めが最悪な時代は人生も最悪だった。
目覚めが清々しい時代は人生も清々しかった。
例外はなかった。

せっかく授かった命なのだから幸せになりたいと考えた私は、
人生を幸せに送るための方法を真剣に考え続けた。
その結果、行き着いたのが
目覚めを清々しくしようと工夫を凝らすことだった。

目覚めを清々しくすることが、
人生を好転させる要《かなめ》だと気づかされたのだ。

人生のおまけとして睡眠があるのではなく、
睡眠こそが人生の中心だと考えてみてほしい。
自分〝ならでは〟の清々しい目覚めを実現できてこそ、
幸せな人生を送ることができるのだ。
はじめに目覚めありき、なのだ。

試しに現在あなたの周囲にいる幸せそうな人々を
じっくり観察してもらいたい。
一人の例外もなく、目覚めが清々しそうで肌の艶《つや》もいいはずだ。

さらに彼らと親しくなって話を聞いてみると、
幸せな人たちの誰もが
清々しい目覚めを獲得するための哲学を持っているはずだ。

本書では、私がこれまで出逢った幸せな成功者たち、
さらに私自身の経験を踏まえて
素晴らしい目覚めを実現するための知恵を公開した。
本書をきっかけに、
ぜひあなた〝ならでは〟の清々しい目覚めを発掘してもらいたい。

２０１５年12月吉日　南青山の書斎から　千田琢哉

Contents

1 朝、目覚めが幸福な人は人生の勝者である。

2 仕事は、朝で決まる。

3 勉強は、朝で決まる。

4 人間関係は、朝で決まる。

5 恋愛は、朝で決まる。

6 人生の勝負は、朝で決まる。

装丁　井上新八
本文デザイン　新田由起子（ムーブ）
本文ＤＴＰ　徳永裕美（ムーブ）
校正　情報出版

1

朝、目覚めが幸福な人は人生の勝者である。

早起きこそが成功の秘訣なら、
新聞配達の人たちは
全員大富豪になっている。

TRACK 01

早起きはいいことではあると思うが、
早起きそのものを目的にするのは間違っている。
これまで「早起きすれば成功できる」と頑《かたく》なに信じている
何人かの人に会ってきた。
ろくに休息も取れていないのに、体にムチ打って朝4時に起床している人たちだ。
ありのままの現実を述べれば、彼らは全員貧しいままだ。
貧しいままどころか、不健康で体調を崩した人さえも複数いる。
早起き推奨の本を書いていながらこんなことを言うのは恐縮だが、
「早起きすれば成功できる」のなら、
新聞配達の人たちは今頃、全員大富豪になっているはずだ。
中には本当に大富豪になった人もいるのかもしれないが、
その比率が他の職業と比べて突出して高いという話は聞いたことがない。
本当に幸せになりたいなら、手段と目的を混同してはいけない。

「早起きすれば成功できる」のではなく、

「自然に早起きしてしまうほど大好きなことに没頭すれば成功しやすい」のだ。

ここで特に大切なことは「自然に」という部分である。

自然に早起きできるようになるには、

やっぱり自分の好きなことをやって生きなければならない。

自分の好きなことをやっていれば、

自然に生活のリズムも前倒しになっていくはずだ。

結果として、早起きもできるようになるというわけだ。

私がドキドキしてつい早起きしてしまった思い出といえば、

小学生の頃の遠足当日の朝だ。

遠足当日の朝はまだ外が薄暗いうちから目が覚めてしまい、

リュックサックを何度も開き、
おやつの入れ忘れがないかを入念にチェックしたものだ。
そして小学生の身でおぼろげながら、

「毎日がこんな人生だったらいいのに……」

と思ったものだ。

学校を卒業し、社会人になってからも、
「遠足の日の朝のように、毎朝がドキドキの人生を歩みたい！」
という願望が、事あるごとに頭に浮かんだものだ。
正直に告白すると、あの頃のドキドキ感には敵《かな》わないが、
私の人生はそれに近いものになっている。

**目覚まし時計が鳴る前に目が覚めてしまう、
そんなワクワクする毎日を送ろう。**

あなたの目覚めが悪いのは、
嫌いなことをやって生きているから。

TRACK 02

これまで睡眠に関する話題をいくつかの本で書いてきたためか、
このところ睡眠に関する質問が増えてきた。
「寝つきが悪い」
「朝、なかなか起きることができない」
実は私自身も、これまでに数え切れないほどそんな経験をしてきた。
自分自身の経験を振り返って断言できるのは、
嫌いなことをやって生きているから寝つきが悪いし、
なかなか起きられないということだ。

あなたの目覚めが悪いのは、
嫌いなことをやって生きているからなのだ。

当たり前といえば当たり前だ。
朝起きるや否《いな》や

「あぁ、また今日も嫌なことをやらなければならない」
という恐怖感が襲ってくるのだ。
これでは現実から逃避して、
何も考えずにもう少し眠りたいと思うのも無理はない。
嫌いなことで埋め尽くされた人生では悩みも尽きず、夜もなかなか眠れない。
なかなか眠れないから、朝もなかなか起きられない。
この悪循環を、ひたすら繰り返すことになる。
これと反対の状況を想像してみよう。
三度の飯よりゴルフが好きな人は、
ゴルフの当日、どんなに朝早くてもパチリと目が覚めるはずだ。
大好きな相手と初デートの朝に、
まだ眠いからと布団でグズグズ惰眠《だみん》を貪《むさぼ》る人などいないはずだ。
賢明なあなたならすでにお気づきだろう。

目覚めが悪いのはあなたがだらしないからではなく、
あなたが大好きなことをやって生きていないからなのだ。
「今のままでは幸せになれませんよ」と、
あなたの体が警鐘《けいしょう》を打ち鳴らしている状態が、目覚めが悪いということだ。

「こんなことをするために生まれてきたのではありませんよ」と、

あなたの本能が人生の軌道修正を促《うなが》している状態が、目覚めが悪いということだ。
この本質から目を逸《そ》らしてはいけない。
自然の摂理に反抗して快眠グッズなどの小細工を使っても、
あなたは絶対に幸せになれないのだ。

目覚めが良くないときは、嫌いなことを見直して「大好き」なことを始めてみよう。

生まれつき朝に強い人はいない。
大好きに生きるから朝が早くなる。

TRACK 03

仕事で「朝が強い人」「朝が弱い人」という表現がよく使われる。
厳密には職業柄、夜が中心になる商売もあるが、
たとえ夕方の出社でも「おはようございます」と挨拶《あいさつ》する習慣があれば、
彼らにとっては出社時が〝朝〟ということになる。
いずれにせよ、あらゆる組織には、
始業時刻よりも早い時間から仕事をスタートする人と、
始業時刻ギリギリに駆け込んでくる人の二通りしか存在しない。
そしていずれの場合も早くスタートしている人たちは偉くなっていくし、
ギリギリにスタートしている人たちは
ずっとうだつの上がらないままであることが多い。
その差は広がるばかりである。
私はコンサル時代、様々な組織で
これらの違いはどこから生まれてくるのかを観察してきた。

本人たちと何度も面談を繰り返し、勤務中の表情や態度もじっくり見てきた。

すると、ある事実が判明した。

早くスタートする人は長時間働いた結果として仕事ができるわけではなく、

自分の好きなことをやりたいがため、早くスタートしているだけだったのだ。


反対に、ギリギリにスタートする人はダラダラと長時間残業する割に、自分の嫌いなことをやっているために身が入らず、ミスも多いことがわかった。

仕事の出来・不出来は、学校の勉強ができたかどうかの差ではなく、「好きなことを仕事にしているか否か」の差のほうがはるかに大きい。

抜群に仕事ができる人には「私は仕事が大嫌い」と言うひねくれ者もいたが、それは「仕事が嫌いと言いながら成果を挙げている自分」が大好きなだけだった。

これは仕事そのものが好きだという人よりもモチベーションは落ちるが、

「活躍できるから好き」「評価されるから好き」という自己陶酔は、
才能がない仕事を嫌々やっているよりずっとマシだ。
いや、仕事である以上は下手の横好きより

たとえ仕事が嫌いでも成果を出した人間のほうが格上だ。

ただ、嫌いなことで成果を出していた人の多くは生活が荒《すさ》んでいった。
仕事以外の生活から崩壊していき、
最後に仕事まで崩壊するパターンが多かった。
ここでの結論としては、生まれつき朝に強い人などこの世にいないということだ。
ただ大好きなことで生きるから朝が強くなるのだ。
いつの間にかフライングスタートしてしまうことを仕事にすれば、人生は勝ちだ。

やりたくてたまらないことを仕事にすれば、いつの間にかあなたは朝に強くなる。

短時間で熟睡したければ、空腹のまま眠る。

TRACK 04

寝る前に食べてはいけないという話を一度ならず聞いたことがあるだろう。
その理由を「寝る前に食べると太るから」と思っている人が多い。
現実にはそれよりもっと深刻な問題がある。
寝る前に食べると、あなたの睡眠が浅くなってしまうのだ。
胃というのは食べた物を消化する以外にも、
空腹時になると胃の中を掃除《そうじ》する運動をしている。
空腹時に「グゥ～」とお腹が鳴るのは、
胃が食べ物を欲しがっているからではなく、
古くなった細胞や食べカスなどのゴミを追い出そうとしているからだ。
つまり、空腹は胃を大掃除して美しい状態に保とうとしている状態なのだ。

あなたの胃が美しいということは、
あなたの体も美しくて健康だということだ。

胃を美しくするコツは簡単だ。
胃をちゃんと空腹状態にして、毎日まめに大掃除させてあげることだ。
そのために最も効率的な体の状態が睡眠時なのだ。
睡眠中というのは胃の中を大掃除することに集中させてあげられる、
唯一のまとまった時間だからである。
にもかかわらず、

寝る前につい食べてしまう人は、
胃に大掃除をさせてあげられない。

だから、胃の中はゴミが溜まり続けることになる。
つまり、体も汚くなって不健康になるということだ。
大まかにいえば、食べ物は
「炭水化物」→「タンパク質」→「脂肪」の順番で消化されていく。

たとえば、炭水化物を多く含むご飯は約2時間、消化のため胃の中に滞在する。

タンパク質を多く含むゆで玉子は約3時間、

消化のため胃の中に滞在することになる。

脂肪分をたっぷり含む肉だと、

4時間以上、消化のため胃の中に滞在することもある。

これがバターになると、半日以上も消化のため胃の中に滞在し続ける。

こう考えると、あなたが「小腹《こばら》が空《す》いた」と何気なく寝る前に口にした食べ物が、

どのくらい胃の中の大掃除の妨《さまた》げになるのかがわかるはずだ。

空腹のまま眠れば胃は大掃除だけに専念できて、

あなたもごく短時間で熟睡できる。

空腹とは胃を大掃除して美しい状態に保つための状態。
胃を空っぽにして眠れば、すっきり目覚められる。

その日の晩から熟睡したければ、
その日の朝から
無理をして早く起きればいい。

TRACK 05

寝起きが悪い人だけではなく、寝つきが悪いと悩んでいる人も多い。
寝つきが悪い人は、たいてい寝起きも悪い。
なかなか眠れないと、休息のために確保すべき睡眠時間が
不足してしまうからだ。

本気で寝つきを良くしたければ、一度だけ、あることに挑戦してみよう。

それは熟睡したい日の朝、多少無理をしてでも早起きしておくことだ。
いつも7時に起きている人なら、ちょっと無理をして6時に起きてみるのだ。
あまりの眠さで、毎朝ただでさえ寝起きが悪いのに、
その朝はもっと寝起きが悪くなることだろう。
だが、それでいいのだ。
どうせ一度だけの挑戦だと割り切って、どうにか踏ん張ろう。

そして疲労がその日のうちに徐々に蓄積していき、
夕方頃にはもうウトウトしてくるはずだ。
食事をしたあと、入浴するのも億劫《おっくう》になるほど眠くて仕方がない。
すでにお気づきのように、その日は放っておいても熟睡できるというわけだ。
もちろんいつもより早く寝るから、いつもより早く目が覚めるだろう。
結果としてそれが、早寝早起きの習慣につながっていくわけだ。
すべては1日だけ、無理して早起きしたことの結果である。
睡眠に限らず、人生の歯車が狂ったらこれを応用すればいい。

人間関係の歯車が狂っているのは、
どこか1カ所のズレが原因になっている可能性が高い。

たとえば、挨拶を自分からしてみることなどがそうである。
自分から「おはよう」が言えたことで、

職場の人間関係が円滑になっていく人は多いものだ。
自分から「ごめんね」と言えなかったことで、
人生すべてが狂ってしまう人は多いものだ。
仕事の段取りで歯車が狂っているのは、
どこか１カ所のズレが原因になっている可能性が高い。
たとえば、書類の下書きに時間がかかり過ぎていることなどがそうである。
下書きなんてせずにいきなり清書してしまえば、
随分《ずいぶん》と時間はショートカットできるものだ。
大きなズレとは、小さなズレの蓄積が雪だるま式に大きくなった結果だ。
小さなズレを修正すれば、人生すべてが好転していくのはよくある話だ。

まずは1日、早起きしてみる。すると、
熟睡→早起きのサイクルで人生が好転していく。

ちゃんと眠くなるように、
起きている間によく考えてよく動く。

TRACK 06

最も自然の摂理にかなった熟睡のコツは、
起きている間によく考えて、よく動くことだ。

頭と体をよく使っていれば、
必ず疲れて眠くなってくる。

私の場合はまず、執筆で頭を酷使している。
出版社からメールで企画が届くと、
その企画に対して1日かけて目次案である「項目」を考える。
たとえばまさに今書いている
「ちゃんと眠くなるように、起きている間によく考えてよく動く。」
という、本文のタイトルに当たるものが項目だ。
ある作家の本にもあったが、この項目を考える作業が一番頭を使うのだ。
作家は項目さえ書き上がれば、あとはピアニストがピアノを弾くように、流れるように原稿の文章が溢《あふ》れ出てくる。
大袈裟《おおげさ》に聞こえるかもしれないが、本文は頭で書いているというよりも、
指先が勝手にパソコンのキーボードを弾いている感覚だ。
だから項目案を考えるのに頭を使い、
本文を書くのに目を酷使するというのが正直なところだ。
私の場合はこれに加えて、毎日ストレッチと週三度の筋トレを続けているから、
体はよく動かしている。
だからこれまでのところ、寝つきも寝起きもすこぶる好調だ。
翻《ひるがえ》って、あなたはどうだろうか。

ちゃんと眠くなるように、
起きている間に頭と体を使っているだろうか。

どんな仕事でも、まったく頭を使わない仕事は存在しない。

どんな仕事でも、まったく体を使わない仕事は存在しない。
頭を使うのも、体を使うのも、すべては自分の心がけ次第なのだ。
私の場合はよく眠れるように、
起きている間によく考えてよく動くようにしている。
勘違いしてもらっては困るが、
よく考えてよく動くために、よく眠るということではない。
あくまでも睡眠が「主」であって、起きている間は「従」なのだ。
睡眠が人生の主役なのだ。
頭を酷使している間は、「これで今日も深く眠れるぞ」とワクワクしている。
体を酷使している間は、「これで今日もバタンキューだぞ」とドキドキしている。

より良い睡眠のために、昼間、頭と体を目一杯使おう。
よく考え、よく動くことで、すべてはうまくいく。

睡眠に勝る薬は、
この世に存在しない。

TRACK 07

どんなに優れた薬も、どんなに優れた外科手術も、
それ自体があなたの体を治してくれるわけではない。

あなたの体を治してくれるのは、
あなたの体自身なのだ。

主に眠っている間に、あなたの体は、あなたの体を修復していくのだ。
もし良薬を飲んだとしても、睡眠不足ならその効果は激減するだろう。
もし手術に成功しても、睡眠不足なら傷が癒《い》えるのはかなり遅れるだろう。
たとえば風邪をひいても、何日も寝込まずに済む方法があることを、
本書の読者にはぜひ知っておいてもらいたい。
まだ熱が出ていない状態であれば、
葛根湯《かっこんとう》を飲んで寝るだけで、多くの風邪は翌朝には治ってしまう。
まだ熱が出ていない状態というのは、

汗をかいていない状態ということだ。

成人以上であれば、誰でも自分の風邪のひき始めの症状くらいは自分でわかっているだろう。

人によって症状に違いはあるものの、目の奥が痛くなったり、声がカサカサになってきたりするはずだ。

その時点で、速やかに葛根湯を飲んでおくことだ。

そのためには葛根湯を常に携帯しておくのもいいだろう。

仮にそれが夕方であれば、すぐに学校や会社を早退し帰宅して夕食を抜き、寝る直前にもう一度、葛根湯を飲んでおく。

これでほぼ万全だ。

葛根湯はあなたの体が熱を出す前に、あなたの体を温めてくれる効果がある。

つまりフライングで先に体を温め、ウイルスを殺してしまうことで、風邪の元を断てるというシンプルな構造だ。

そして大切なことは、葛根湯は単にきっかけを作ってくれるというだけで、
重要なのはあなたの睡眠ということだ。
ちゃんと眠らなければ葛根湯の効果は激減するだろう。
このように風邪のひき始めに限らず、

睡眠は我々生物の活力の源泉なのだ。

「早起きは体にいい」とか「朝が勝負だ」という話を聞くと、
眠い目をこすってでも起きなければならないイメージがあるが、
そうではない。
きちんとした睡眠を確保した上で早起きすることを、
あなたには忘れてほしくない。

**きちんとした睡眠を確保して早起きをすれば、
あなたの体は健康な状態に保たれる。**

寝室の換気で、
睡眠の深さは変わる。

TRACK 08

睡眠時間はやたら長いのに、まったく疲れが取れないという人がいる。
そんな人におススメなのが、寝室の換気だ。
朝起きたら窓を開ける人は多いが、夜寝る前に窓を開ける人は少ない。
だが本当は、夜寝る前にこそ、
窓を開けて換気することが睡眠には大切なのだ。
なぜなら十分な酸素を寝室に取り込むことによって、
あなたの睡眠中、体に十分な酸素を取り込むことができるからだ。

寝室に十分な酸素があれば、
あなたは短時間で熟睡できる。

現にプロスポーツ選手や女優には、「酸素カプセル」を愛用する人もいる。
酸素たっぷりの「酸素カプセル」に入って1時間眠るだけで、
4〜5時間の睡眠に匹敵する効果が得られるということだ。

何もあなたまで一緒になって高価な「酸素カプセル」を利用する必要はない。
ここでは酸素と睡眠の関係を知っておくだけでいい。
そして高価な「酸素カプセル」でなくても、
それに近い状態を自分で創ればいいのだ。
窓を開けて換気するだけなら手間もお金もかからない。
冬の寒い夜には、窓を開けて5つだけ数えて閉じてもいい。
たったそれだけのことで、部屋の酸素は随分増えるものだ。
私がここまで執拗に寝室の換気をすすめるのは、
睡眠の目的として、たっぷりの酸素を体に充電することがあるからだ。
眠くなるとあくびが出るのは、大量の酸素を脳が要求しているからだ。
大きな口を開け、できるだけたくさんの空気を吸い込もうとしているのだ。
「早く眠って脳に酸素を充電してください」と体が合図を送っているのだ。
会議中も、参加者たちがあくびを我慢して目に涙を浮かべ始めたら、すぐに換気することだ。
参加者たちの脳が酸欠状態なのだから、

脳に酸素を供給してあげないで、
いいアイデアなど出るはずがない。

換気した瞬間、参加者たちの表情が明るく元気になることは間違いない。
いつもより少し疲れていたら、少し長めに換気しておくことだ。
いつもより早めに起きなければならないなら、
長めに換気しておくことだ。

疲れが取れない人は、眠る前に換気をして
脳に酸素を取り込もう。

寝起きが良くなる
サプリメントがあれば、
どんどん活用する。

TRACK 09

10代や20代の頃は想像もできないだろうが、
30代や40代になるにつれて、少しずつ老化を実感するようになる。
老化を実感するのは決して恥ずかしいことではない。
それだけ感性が鋭敏な証拠であり、事前に対策を練ることができるからだ。
その証拠にプロスポーツで選手生命の長い人ほど、
若い頃から自分の身体のごくわずかな老化を見逃さないものだ。
反対に選手生命の短い人は、
若い頃の勢いのまま勝負しようとして、途中で体を壊《こわ》して去っていく。

スポーツ選手に限らず、長く現役生活を送るプロたちの特徴は「臆病」ということである。

プロにとって臆病というのは短所ではなく、むしろ長所なのだ。
あなたも何かの仕事ではプロのはずだ。

プロなら、つねに臆病者でなければならない。
私も大学時代、パワーリフティングという
スポーツに打ち込んでいた頃は、たいそう臆病者だった。
スキーを習得してモテモテになる夢も、早々に諦《あきら》めてしまった。
せっかく東北地方の大学に入学してあちこちにスキー場があるのに、である。
大学1年生の冬、未熟者のくせに調子に乗ってスピードを出して
滑って木にぶつかり、手首をひねってしまったからだ。
幸い捻挫《ねんざ》で済んだものの、数週間バーベルを握ることができなかった。
だから、大学時代にはそれ以来一度もスキーに行かなくなった。
スポーツ選手にとって、ケガとはいかなる理由があろうと自己責任だ。
社会人になり、膨大な数の講演をこなさなければならなかった時期も、
風邪をひいて声が出ないことは断じて許されなかった。
だから、いかなる理由があっても風邪をひかないようにと知恵を絞った。

出逢った専門家たちにも、風邪の対策を聞きまくったものだ。
プロの自覚があるなら、寝起きにも万全の対策が必要だ。
どうしても寝起きが悪いなら、

寝起きが良くなるサプリメントを発掘するのも手だ。

ご存知のようにサプリメントは人によって効き目が異なるから、
情報収集だけでなく、実際に試してピッタリのものを見つける必要がある。
しじみエキス、牡蠣《かき》エキス、アミノペプチド、
総合ビタミン剤などを試してみよう。
あなたが効果を実感できれば、
たとえそれが単なる思い込みによるものでも安いものだ。

体調不良はプロにとって許されないミス。
寝起きに良さそうなサプリは試してみる価値がある。

目覚めを制した人が、
人生を制する。

2

仕事は、朝で決まる。

出社時間は、人生の集大成だ。

TRACK 10

サラリーマンの出社時間ほど雄弁なものはない。
口では嘘をつけても、出社時間は嘘をつけないのだ。
たとえば「やる気だけはあります！」といくら吠えても、
本人が遅刻の常習犯だったら、あなたはその人間を信じられるだろうか。
信じられるはずがないだろう。

いかなる理由があろうと、
遅刻は「やる気がない」ことの証拠だ。

仮に遅刻しなくても、いつもギリギリセーフの人は
やる気がないと評価されても文句は言えないのだ。
反対に、寡黙なのに朝イチ出社の常連で、
仕事でも淡々と成果を挙げ続けていたらどうだろう。
あなたはその人のことを「やる気がある人だ」と思うに違いない。

実際にはたいしてやる気がなかったとしても、
いつも朝イチで出社するということは
黙っていても周囲からやる気があると見なされるものなのだ。
さて、ここで大切なことは他人事ではなく、あなた自身のことである。
あなたの出社時間は、どうなっているだろうか。
もし出社時間が遅いなら、出世はほぼ絶望的だ。
どうせ人生の大半の時間を仕事で費やすなら、
出世しないより出世したほうが絶対に楽しいはずだ。
ここは一つ本音かつ本気で、次のように考えてみたい。
出社時間を早めるには、早く会社に到着しようと無闇《むやみ》に慌《あわ》てる必要はない。
慌てなくて済むように、家を出る時間を早めればいいだけなのだ。
では、家を出る時間を早めるためには、どうすればいいのか。
それは早く起きることである。

早く起きるためにはどうすればいいのだろうか。
もちろん、早く寝ることだ。
早く寝るためには、早く仕事を済ませて早く帰宅することだ——。
このように考えていくと、

「あなたの出社時間が、あなたの人生の集大成である」

という事実に気づかされるのではないだろうか。
出社時間が早い人は、人生全般がスピーディな人同士で付き合っている。
出社時間が遅い人は、人生全般がスローな人同士で付き合っている。

いつも朝イチで出社しよう。黙っていても周囲からやる気があると評価される。

3時間残業するより、
30分早く出社したほうがお得。

TRACK 11

あなたがサラリーマンなら、
周囲より30分だけ早く出社しておいたほうがお得だ。
たとえば9時始業の会社だと、
たいてい社員たちが出社するピークはせいぜい8時半だろう。
そこであなたはそれより30分だけ早い8時に出社してみるのだ。
試しに一度やってみると、そこには今までと別の世界が見えるはずだ。
まず30分早く出社すると、すでに出社している社員はほとんどいない。
「ほとんどいない」と表現したのは、必ず何人かはいるものだからだ。
中小企業の場合だと、すでに元気な社長が出社していることが多い。
そしてその社長の側近も、すでに出社しているはずだ。
大企業の場合だと、部長クラス以上は概して朝が早いものだ。
そしてその部長の側近も、すでに出社しているはずだ。
それ以外で早朝出社しているのは、たいてい将来の出世頭ばかりだ。

もしあなたが30分早く出社して、すでに出社している社員がいたら、

その人はかなり優秀な人間だということだ。

つまり30分だけ早く出社することによって、

あなたが出逢う顔ぶれが一変するのだ。

先に挙げた中小企業の社長や大企業の部長クラスは、

朝も早いが帰るのも早い。

つまり部下たちが連日どれだけ残業しようとも、

その時間には社長も部長もその場にはいないのだ。

あなたも一度、自分が社長や部長になったつもりでよく考えてみよう。

連日残業をして残業代を請求してくる社員と、

毎朝自分と顔を合わせて挨拶を交わす社員のどちらに好感を持つだろう。

想像に難《かた》くないはずだ。

3時間の残業をするより、
30分だけ早く出社したほうが断然、好印象なのだ。
実際、ダラダラモードの夜に仕事をするよりも、
人口密度が低く清々しいスッキリモードの朝に仕事をしたほうが、
質の高い仕事もできるというものだ。
30分だけ早く出社しておくだけで、

残業せずにさっさと帰っても
「あいつ、いつも朝が早いし、仕事もできるからな」

と周囲も認めざるを得ない。

社長や重役が集う「30分前の世界」にデビューしよう。
そこであなたは、質の高い仕事と出世が手に入る。

「キミ、朝強いね」と言われたら、
出世コースに
乗っているということだ。

TRACK 12

目上の人から「キミ、仕事ができるね」と言われたら、あなたは飛び上がるほど喜ぶだろう。

サラリーマンにとって、仕事で褒《ほ》められること以上に嬉しいことはないからだ。

ところが本当はさらに上の褒め言葉がある。

「キミ、朝強いね」がそれだ。

どう考えても「キミ、仕事ができるね」と言われたほうが、「キミ、朝強いね」と言われるよりも嬉しいに決まっているじゃないかという反論が返ってきそうだ。

「キミ、仕事ができるね」というのは、たまたまその場しのぎに社交辞令を言って、やる気にさせた可能性が高い。

それに対して、「キミ、朝強いね」というのは、完全にあなただけに対して発せられた、オリジナルのメッセージだ。

エグゼクティブたちにとって「朝が強い」というのは最高の褒め言葉であり、紛《まぎ》れもなく出世コースに乗っているということなのだ。

「キミ、朝が強いね」のあとには、エグゼクティブの心の中で「名前を憶えておくよ」というセリフが続く。

そのエグゼクティブが取締役本部長なら、部下である部長とゴルフした際に「○○課の鈴木君、朝早くからいつも頑張っているね」

という話を必ずするだろう。

これは「早く出世させるためにチャンスを与えなさい」という命令なのだ。

翌日その部長は○○課の課長をすぐに呼び出して、

「本部長が君の課の鈴木君のことを褒めていたよ。今度のプロジェクトの担当をやらせてみたら?」という話になる。

もちろんこれは「何でもいいからとにかく実績を挙げさせて早く出世させろ」

という命令なのだ。

あなたは冗談と思うかもしれないが、
サラリーマンの出世というのは、ほぼこんな感じで決められているのだ。
何を隠そう私自身が、コンサル時代に顧問先の人事決定の現場に、
何度も経営陣と居合わせたからよくわかるのだ。

サラリーマンの出世とは100%、
決定権者の好き嫌いで決まる、

と断言していい。
あまり大きな声では言えないが、仕事の実績の影響はせいぜい二番目だ。
ダントツで重要なのは決定権者の思い込みであり、
好き嫌いで決められているのだ。

「朝強いね」が、出世コースの乗車チケット。
朝が強いイメージを作り、決定権者に好かれよう。

早朝にメールを送信すると、エグゼクティブにウケがいい。

TRACK 13

メールに限らず、クイックレスポンスはすべて美しい。

メールをクイックレスポンスするのが美しいと思っている人は多い。
ここに議論の余地はない。
だが、いつもクイックレスポンスができるわけではない。
誰でもメールを返信できないときがある。
たとえば私が人と話している最中に、
「ちょっとメールの返信をするから待ってください」と言われたら、
その人とはもう二度と会わないだろう。
今、目の前にいる人以上に大切な人は、本来この世に存在しないはずだ。
クイックレスポンスを心がけるのはいいが、
〝しなければならない〟と考えてそれを貫《つらぬ》き通そうとすると
いずれ必ず挫折《ざせつ》してしまうのだ。

そこでクイックレスポンスに勝るとも劣らない美しいメール送信法がある。
早朝にメールを送信することだ。
早朝といっても人によって差があるだろうが、
遅くとも朝9時より前がいいだろう。
送信記録には時間が残るはずだから、
そこに朝8時台で表示されていたらセーフだ。
これが朝6時台や7時台なら、より美しい。
ここでの〝美しい〟とは具体的にどういうことかといえば、
エグゼクティブたちにウケがいいという意味だ。
すでに述べたように、かなりの確率でエグゼクティブたちは朝が早いから、
出社とともに、ビッシリ届けられたメールのチェックをするはずだ。
その際にあなたのメールが届いていれば、
エグゼクティブから直接返信してもらえる可能性がグンと高まる。

あなたは相手が何時くらいに出社しているのかを、
これまでのメールの受信時間から簡単に予想できるはずだ。
朝8時台によくメールが送られてくるということは、たいていは朝7時半、
遅くとも朝8時までには出社しているはずだ。
ひょっとすると、あなたが朝7時台にメールすれば、
すぐに返信がくるかもしれない。

すぐに返信があったということは、
あなたの存在が相手に認められたということだ。

反対にあなたが深夜にメール送信してばかりいると、
ダメ人間の烙印《らくいん》を押される。

メールは朝6~7時台に送る。
すると、エグゼクティブに認められる。

始業時刻までに、

「やらなければならないこと」

を終わらせる。

TRACK 14

私はサラリーマン時代、「これだ！」という自分の勝ちパターンを発掘した。
それは始業までに、やらなければならない仕事を終わらせてしまうことだ。
新卒で入った保険会社と違い、
転職先のコンサル会社では仕事量が桁違いに増えた。
保険会社時代は保険会社時代で、忙しいと思っていた。
今だから正直に告白するが、保険会社時代は

「自分より忙しいサラリーマンはいないだろう」

と秘《ひそ》かに思っていた時期もあった。
ところが新天地のコンサル会社では仕事の量と深さがそれぞれ3倍になり、
3×3で約10倍の壁がいきなり私の前に立ちはだかった。
冗談ではなく、高校受験の頭でそのまま大学受験に臨むイメージだ。
特に配属部署には上司を含め、選りすぐりの優秀なメンバーが揃《そろ》っていた。

当初は3年修業して、出版のチャンスを掴《つか》んだらさっさと独立しようと軽く考えていたものだが、

「これは3週間持たないぞ」と鈍い私にもすぐにわかった。

これは大企業出身の他のメンバーたちも異口同音《いくどうおん》に唱えていたが、コンサル会社のような比較的小規模の完全チーム制で仕事をしていると、ごまかしが利かないのだ。

大企業では、歯車が1つ欠けても、あやふやに終わらせることができていた。歯車が1つ欠けたくらいではビクともしないのが大企業の長所でもあった。

それがコンサル会社のようなチーム制の仕事になると、「やります」と宣言したパートはそのまま自分が責任者になるから、裸の自分の力が露呈《ろてい》してしまうのだ。

コンサル会社の大変さは事前によく聞いていたから、オフィスから自転車で約2分の場所にアパートを借りていた私は、

電車の運行時間に振り回されないアドバンテージを大いに活かした。朝5時の出社から9時半の始業までの4時間半で、「やらなければならないこと」はすべて終わらせた。4時間半で終わりそうもなければ、朝の5時前に出社して終わらせた。まるで授業についていけない落ちこぼれが早朝から秘密の特訓をしているようだが、まさにその通りだ。自分の実力不足を補うためには、徹夜して補おうとしてはならない。

つべこべ言わず、まずは寝ることだ。

そして人口密度の高い夜ではなく、密度の低い早朝で巻き返しを図るのだ。始業時刻には悠然《ゆうぜん》と「将来のためにやったほうがいいこと」に取り組もう。

自分の実力不足を補うために徹夜仕事をしてはいけない。十分な睡眠を確保して、密度の高い仕事を続けよう。

朝9時から正午までは、頭を使う仕事に集中する。

TRACK 15

あなたが頭脳労働者であれば大いに頷《うなず》くことと思うが、

頭を使う仕事は午前中にするべきだ。

仮に始業時刻が朝9時ならそれまでに雑用はすべて済ませておいて、
9時になったら頭を使う仕事に取り組むことだ。
それが仕事というものである。
大切な資料作成や、熟読しなければならない重要書類がある場合、
あらかじめ午前中に時間を確保しておこう。
もし午前中に終わらなかったとしても、
午前中に一度集中して取り組んでおけば、午後からは随分とはかどるものだ。
私の場合は仕事で知恵を絞る際、午前中で時間が足りなければ、
集中力が継続する限りランチ抜きで思考を継続する。
サラリーマン時代もそれで成果を挙げてきたし、現在もそれは変わらない。

空腹を感じて心から食べたいと思ったらランチをすることもあるが、
基本的にランチは邪魔だと思っている。
朝食から夕食までの間が仮に約12時間とすれば、
1日24時間のうちのたった半分の間に
朝・昼・晩と三度も食事をするのはどう考えても不自然だ。
ここでランチを抜けば、平均して12時間ごとに食事をするサイクルになる。
一回ごとの食事に深く感謝するようになるし、
空腹のほうがハングリーに仕事に打ち込めるものだ。
数学や物理の難問に挑んで考え込んだことがある人ならわかるだろうが、
思考の途中で腹が減ったからと、お腹一杯食事をしたらそれで最後だ。
せっかくそこまで空腹状態でいいところまで思考していたとしても、
それを取り戻すことは、再び空腹になるまではほぼ不可能だ。
これは数学や物理に限らない。

集中して深く思考する仕事は、やや空腹状態のほうが成果を挙げられるものだ。

だから始業時刻から頭をフル回転させて、
仕事がひと段落して気が向いたらランチにすればいい。
ランチしたあとにはもう頭を使う仕事は向かないから、
実質その日の思考は終了だ。
心配せずとも1日3時間、本気で集中して思考するだけで、
あなたは突出できる。

頭を使う仕事は、空腹状態のほうがうまくいく。午前中に頭をフル回転させて、ひと段落したらランチしよう。

早朝からフル回転すると
昼過ぎから眠くなってくるが、
それでいいのだ。

TRACK 16

「早朝からフル回転で仕事をしていると、昼過ぎから眠くなりませんか？」
何度かそんな質問をされたことがある。
もちろん眠くなる。
だがそれは徹夜明けの不健康な眠さでもなければ、
ランチで炭水化物を摂取し過ぎたあとに襲われる睡魔でもない。
スポーツで完全燃焼したあとの、あの爽快《そうかい》で心地よい眠さだ。

早朝からフル回転で頭を働かせているのだから、
昼過ぎに疲れが出てくるのは当たり前だ。

だからサラリーマンで早朝からフル回転で仕事をしている人は、
ランチタイムだからとバカ正直にランチなどせず、
どこかに隠れ家を見つけてたっぷり仮眠を取るほうがいい。
最低でも30分は仮眠できるから、随分リフレッシュできるはずだ。

空腹のまま寝ると、短時間でも随分と深い眠りを得られるものだ。
実際、ランチタイムにランチするより、
仮眠したほうが体にもいいはずだ。
海外の一流企業には、社員のために
オフィス内に昼寝スペースを用意している会社もある。
お堅いエリートたちにはちょっと想像もつかないかもしれないが、

好きなことを仕事にしている頭脳労働者たちにとって
昼寝は能率アップのために非常に有効な行為だ。

きっとこれから日本でも知的産業を中心に、
堂々と社員たちが昼寝できる社風と環境が根づいてくるに違いない。
これが独立すると誰にもヤイヤイ言われないから、
堂々と昼寝することができる。

私も別に自らノルマを課しているわけではないが、昼寝が大好きだ。
きちんと夜に熟睡しておけば、
「仮眠のつもりだったのに随分と寝ちゃったな……」
と感じても、たいていは30分程度だ。
たった5分しか寝ていないのに、
まるで1時間以上熟睡していたような錯覚に陥《おちい》ったことも何度かある。
きっとそれだけ質の高い睡眠だったのだろう。
別に夜更かしもせず、ランチを食べたわけでもないのに眠くなるというのは、
午前中にそれだけ仕事に没頭した証拠なのだ。
そこまで仕事に没頭すれば、極端な話、午後から早退しても罰は当たらない。

早朝から働いて眠くなるのは仕事に没頭した証拠。
そんなときは、昼寝で能率アップ。

朝に会議を済ませてしまえば、
その日のうちに実行に移せる。

TRACK 17

午後の勤務時間、そして夕方以降の勤務時間外、
当たり前のようにのんべんだらりと会議をやる会社がある。
年に何度かの緊急会議ならやむを得ないが、
これが日常化していては会社の業績は上がらない。

なぜなら、午後以降は頭が働かないからである。

正確には、午後は午前ほどには頭が働かないからである。
よく考えてもらいたい。
会議というのは参加者の数だけ人件費を垂《た》れ流している状態だ。
そして会議そのものが売上に直結するということはない。
つまり、参加者全員が頭をフル回転させられる最高の状態で臨まなければ、
会議というのは会社経営において究極の無駄なのだ。
もしどうしても会議を実施しなければならないのなら、

午前中に済ませることだ。
しかも、始業時刻から会議を開始するのが丁度いいだろう。
もちろん参加者には、事前に余裕を持ってテーマと課題を告知しておく。
会議が始まってから初めて考えるのではなく、
各自がアイデアの発表から始めるのだ。
そうすれば参加者全員が当事者意識を持つし、
短時間で密度の濃い議論ができる。

午前中に会議で決まったことは
午後からすぐに実行できるから、売上にも直結する。

念のためビジネスの初歩的な確認だが、
会議の目的は「誰が」「何を」「いつまでに」「どのようにするか」を
参加者全員の前でコミット（責任を伴う宣言）することだ。

「誰が」「何を」「いつまでに」「どのようにするか」
これらをコミットしない会議は、ただの時間の無駄だ。
コミットメントのない会議は、
「参加者の時給×参加者の人数+場所代」を会社から泥棒したことになる。
いや、それればかりではなく、
参加者全員でサボり、仕事のモチベーションを下げてしまう罪は相当に重い。
ところが多くのサラリーマンが、悪気なくこの罪を犯している。
このように、会議とは貴重な時間と費用を使った
重要な行為であることを忘れないことだ。
それだけ貴重な資源を使う会議だからこそ、
会議は朝イチに実施すべきなのだ。

無駄な会議は時間とお金の泥棒。
活用のコツは、頭の働く午前中に会議すること。

フレックスタイムは、前倒しで利用する。

TRACK 18

フレックスタイム制が浸透してすでに久しい。
あなたが勤める会社も、フレックスタイム制かもしれない。
フレックスタイムにはコアタイムが設けられていることが多い。
たとえばコアタイムが13時から16時という会社があるとしよう。
その場合13時から16時の間は全員会社にいなければならないが、
それ以外は合計8時間勤務すれば自分の好きな時間に働けるということだ。
するとたいてい二通りのグループに分かれる。
16時に退社するグループと、13時に出社するグループだ。
16時に退社するグループは、
朝8時には仕事をスタートしていなければならない。
13時に出社するグループは、夜9時まで仕事をしなければならない。
同じ会社で、同じ部署で、同じ8時間労働している人でも、
前者は100％頭脳労働者であり、後者は100％肉体労働者である。

もしあなたが肉体労働者を目指しているのなら、
迷うことなく後者を選べばいい。
職業の選択は自由であり、自分の人生は自分の好きなように生きればいい。
他人にとやかく言われる筋合いはない。
だがあなたが頭脳労働者を目指しているのなら、
前者以外の選択はあり得ない。
頭脳労働者にとってフレックスタイム制とは、
迷うことなく前倒しで仕事をするためのものなのだ。
頭脳労働者の本音として、朝の4時から仕事をスタートして、
正午には退社したい人も多いはずだ。
私がサラリーマンなら間違いなくそうしたい。
朝4時から仕事を開始し、正午に退社するのがスタンダードの会社があれば、
間違いなく業績が上がるだろう。

夜明け前から全力で仕事を始め、
ランチタイムには清々しく退社して家族サービスもできるというのは、
究極の理想だと思うがいかがだろうか。
すでに述べたように私がコンサル会社に転職した当初、
それに近い時間帯で仕事をしていたが、
表面上は8時間労働でも実質24時間労働以上の量をこなせたものだ。

それくらい、朝には
地球上すべてのエネルギーが満ちている。

そして夜になればなるほど、地球上すべてのエネルギーはしぼんでいくのだ。

フレックス制は前倒しで仕事するための手段。
早く出社して、早く退社するのが正しい活用法。

朝は、
運気の塊《かたまり》。

3

勉強は、朝で決まる。

夜だと「○時まで勉強しなくては」、
朝だと「○時までしか勉強できない」

TRACK 19

いきなり本書の趣旨に反するようだが、
勉強は絶対、朝にしなければならないものだと私は思わない。
自分がしたいときにすればいい。
本当に勉強ができる優等生は、いつでもどこでも勉強できるし、
自分の勝ちパターンも熟知しているはずだ。
だが、こうは言える。

「自分がしたいときに勉強しようとするけれど、結局できたためしがない」

という怠《なま》け者こそ、ぜひ朝に勉強すべきだ。
率直に申し上げて、世の中の大半がこの怠け者ではないだろうか。
怠け者だからこそ、
朝に勉強しなければ落ちこぼれ人生が決定してしまうのだ。

何を隠そう私自身が生粋《きっすい》の怠け者だからわかるのだが、怠け者というのは、根が怠け者なためについ、だらだらと勉強してしまうのだ。

そして、怠け者が怠けぶりを発揮するのが夜だ。

夜に勉強すると怠け者はまず、終わりの時間を決める。

「○時まで勉強しなくては」と間違った方向に目標を立てて、その時間が来るまでボーっと机に座って他のことを考えてしまう。

そして目標の○時が近づいてくると「今日も△×時間勉強した」と、これまた間違った充実感に浸ってしまうから始末が悪い。

あなたはさすがにここまで酷《ひど》くはないと笑うかもしれないが、人によって多少の違いはあるものの、怠け者の本質はこれと同じなのだ。

つまり手段と目的を間違って理解しているから、いつまで経っても自分のイメージ通りの人生が歩めないのだ。

朝に勉強するとこうはいかない。
「○時まで勉強しなくては」という終わりの意識から「○時までしか勉強できない」という時間制限の意識に変わるからだ。
だから朝の勉強は常に時間が不足している緊張感を持ったまま、集中して勉強できる。

夜の3時間と朝の3時間とでは、勉強の中身がまるで違ってくるのだ。

本能が睡眠モードに向かっている夜と、お目覚めモードに向かっている朝は、何もかもが逆であることに気づくだろう。

怠け者こそ、朝に勉強するべき。時間制限のプレッシャーが背中を押してくれる。

徹夜は自己満足のため。
朝勉は自己実現のため。

TRACK 20

受験生の中には、必死になって連日夜遅くまで勉強している人もいるだろう。

そんな人に、少し厳しいかもしれないが、こんな直言をしておきたい。

徹夜は自己満足のためであり、朝勉は自己実現のためである。


どれだけ徹夜して苦しんでも、その努力が報われることはほとんどない。


もし報われたとしても、そのあとが続かない。

大学に合格してからぐったりしてしまい、留年を繰り返した挙句、そのまま中退してしまう人がいる。

意外なことに一流の国立大学にもそんな人が結構いるのだ。

私の学生時代には、せっかく人もうらやむ最高学府に入っても、留年率が毎年第1位という不名誉な称号を授かった超進学校もあった。

その超進学校はその後10年、20年と経過するうちに、随分と落ちぶれてしまった。

せっかく勉強するなら、継続できたほうがいい。

「大学に入ったから、勉強はおしまい」ではなく、

「せっかく大学に入ったのだから、どんどん勉強するぞ」と思わなければもったいない。

そのためには、その場限りのヘトヘトになるような勉強はしないことだ。

勉強は一生続くものだと考えて、淡々と勉強することだ。


ヘトヘトになる勉強の代表が徹夜だ。

淡々とした勉強の代表が朝勉だ。

少し考えればすぐにわかることだが、
朝勉を継続させるためには、規則正しい生活を送らなければならない。
規則正しい生活の要になるのが、本書で繰り返し述べている睡眠なのだ。

規則正しい生活をするためには、とにかくまず最初に睡眠を確保することだ。
あらゆる事情を乗り越えて、
最初に睡眠を確保しておけば、あとはどうにでもなる。
個人によって、またその日の体調によって睡眠時間は異なるから、
6時間で十分な人もいれば、
最低8時間は寝ないと、どこか体の調子が悪いという人もいるだろう。
あなたが6時間タイプなら、すべてに優先してその6時間を最初に確保する。
あなたが8時間タイプなら、すべてに優先してその8時間を最初に確保する。
その上で朝勉を習慣にすれば、あなたは最短で自己実現できるはずだ。

徹夜をやめて、朝勉に切り替えよう。
あなたの自己実現のカギは睡眠にある。

憶えられないのは、
憶えたらすぐに寝ないからだ。

TRACK 21

あなたは記憶力に自信があるだろうか。

もし自分の記憶力に自信がないという読者がいたら、今すぐ人生を変える知恵を伝授しよう。

誰もが確実に記憶力がアップする知恵だ。

それは、憶えたらすぐに寝ることだ。

たとえば夕方に家で新しい英単語を20個憶えたまま夜通し遊んでしまい、翌日、一睡もせずに学校でそのまま英単語テストを受けたとしよう。

結果は悲惨なはずだ。

どれも一度は憶えた記憶はあっても、すべてがあやふやになっていて、頭の引き出しからほとんどまともに出てこないからだ。

自分の記憶力が悪いと思っている人たちは、たいていこのパターンに陥っているものだ。

ところが夜寝る直前に一気に英単語を憶え、そのまますぐに寝てしまうと、不思議なことが起こる。

翌朝起きてすぐに、昨夜憶えた英単語にざっと目を通してみると、驚くほど憶えているのだ。

もちろん中には、いくつか忘れてしまっている単語もあるだろう。

だがそれらは「悔しい」という感情とともに、頭脳に鮮明に刻まれるため、もう忘れることはないのだ。

とにかく、自分が別人になったように記憶力がアップした実感を味わえるのは間違いない。

勉強には大きく分けて二つある。
考える勉強と、憶える勉強だ。

考える勉強が上で、憶える勉強が下というわけではない。

どちらも役割が違うだけで、どちらも大切な勉強なのだ。

ただそれらを習得するタイミングを誤ると、
単に「自分の頭が悪いからだ」という、
一番わかりやすくてお手軽な理由に逃げてしまう。
考える勉強は、心身がリフレッシュしているタイミングで行うことだ。
憶える勉強は、心身がやや疲れ気味である「寝る直前」に行うことだ。
たとえば英単語や歴史の人物名などをひと通り憶えたら、
仮眠するだけでもいい。
憶えたらすぐゴロンと横になることを習慣にしておけば、

あなたは記憶の達人になれる。

考える勉強は、心身がリフレッシュしている時に。
憶える勉強は、心身が疲れ気味の寝る直前に。

寝る前に憶えたことを
朝にサッと復習すると、
グンと記憶が定着する。

TRACK 22

憶えるための勉強は、夜寝る前にすべきだということはすでに述べた。
ここではさらに、あなたが突出できる後《あと》押《お》しをしたい。
朝起きて、寝る前に憶えたことを1分でいいからサッと復習することだ。
復習というよりも、目を通して確認するのだ。
1割や2割の記憶の漏れがここで完璧に修繕される上に、
それ以外の記憶もより強固なものになるのだ。
あとは通学時間やテスト前の休憩時間にリラックスして
ぼんやり眺めておくだけで、ほぼパーフェクトの結果が出るだろう。
これが寝る直前に憶えていなかったり、朝から慌てて憶えたりすれば、
焦るばかりで結果は悲惨なはずだ。
たとえギリギリ憶え切れたとしても、
テストが終了した途《と》端《たん》にほとんど忘れてしまうだろう。
それに対して寝る前に憶えたことを朝にサッと復習したあなたは、

テストでも最高の結果を出せる上に、
テストが終了してからもしばらく記憶は定着している。
だから単発的なミニテストばかりではなく、
定期試験や入試本番にまで直結する記憶を頭に残すことができる。

勉強の間に睡眠を挟み込むだけで記憶に大きく差がつくのだ。

私が以上の記憶の仕組みを知ったのは大学時代に読んだ脳科学の本を通してだ。
残念ながら自分の受験には活かせなかったが、
家庭教師先の生徒に存分に活かし、成績をぐんぐん伸ばすことができた。
たとえば漢字ドリルや社会科の教科書、英単語帳などは机にではなく、
常に枕元に置いておくように指導した結果、
それらの科目の成績は飛躍的に伸びたものだ。

それらと反対に、私と一緒に勉強する時間の使い方は、
理数系の科目など、考える勉強が中心だった。

「最低でも6時間は睡眠を確保させてください」

受験生の母親にこの同意を得て初めて、私は家庭教師を請け負った。

それから
「ゴロンと横になって仮眠を取っているのは
子どもがサボっているからではなく、記憶を定着させるためですよ」
と強調して母親を安心させた。

憶えられないのは自分の頭が悪いわけではなかったことに気づくと、
劣等生ほど、まるで人が変わったように勉強に目覚めたものだ。

覚えられないのは頭が悪いからではない。朝のおさらいで、驚くほど記憶は強化される。

難問を解いて行き詰まったら、
勇気を持って一度眠ってみる。

TRACK 23

受験勉強に限らないが、難問を解いていると行き詰まることがある。行き詰まるという意味では、社会に出てからの問題はすべてが難問だ。私がサラリーマン時代から対話してきた1万人以上のビジネスパーソンを観察していて気づかされたことに、こんな事実がある。それは、大学受験で数学という教科から逃げた人と挑んだ人の間には、確実な差が存在するということだ。

難問と感じる問題がどれかは人によって差があるが、いずれにせよ全員がどこかで、挫折する問題に出逢うのが数学の共通点だ。数学という教科は、挫折するために学ぶのだ。

挫折しても挑み続けるのが、数学という教科なのだ。

受験で数学から逃げた人は、挫折しながらも考え続けることから逃げた人だ。受験で数学に挑んだ人は、挫折しながらも考え続けることを選んだ人だ。

社会に出てからは誰もが挫折の連続であり、
模範解答など誰も用意してくれないため、行き詰まることばかりだ。
ここで受験の数学に挑んだ人は、
「今のこの状況は難問に遭遇《そうぐう》して行き詰まったあのときと同じだ」
とハッと気づかされる。
反対に、受験の数学から逃げた人は、
「うわ〜、この状況からどうやって逃げようか」とまた逃げることを考える。
受験の数学に挑んだ人は、
「行き詰まったら勇気を持って一度眠ってみる」
という知恵を授かっている。
仕事でも人生でもこれはそのまま応用できるのだ。
私がいたコンサル業界でも、

大手企業向けの戦略コンサルタントとして力を発揮するのは、
ダントツで一流国立大学の理系出身者だった。
反対に、ダントツで脱落者が多いのは私立文系の出身者だった。
もちろんここで私はあなたに、
今から受験数学を勉強し直せと主張したいのではない。
ただ、今目の前で起こっている問題から目を背けることなく、
挑み続ける姿勢を身につけるだけでいいのだ。
そして挑み続けて行き詰まったら、
逃げるのではなく、思い切って眠ってみるのだ。
目が覚めたあなたは、
別の視点で別のアプローチができるようになっているだろう。

行き詰まったら、逃げる前にいったん寝てみよう。
目覚めれば、別の視点が浮かんでくるはずだ。

睡魔と闘った6時間の勉強は、
熟睡したあとの3時間の勉強に
遠く及ばない。

TRACK 24

切羽《せっぱ》詰まれば誰でも徹夜を考えるだろう。
徹夜というのはだいたい夜中の12時頃から始まって、朝の6時頃まで続く。
まさに睡魔と闘いながらの地獄の6時間だ。
コーヒーをガブガブ飲んで、冷水で顔を何度も洗い、
場合によっては高価なドリンクを飲みながら、気合いと根性で頑張る。
実際には勉強よりも、朝まで起きていたことで満足感を得るのが徹夜だ。
ここであなたにハッキリと伝えておきたいのは、

1回徹夜すると、
1週間以上生活のリズムが狂ってしまうということだ。

まず、徹夜した当日は頭がボーっとしているから何も吸収できない。
その晩は熟睡できるだろうが、変な時間に目が覚めてしまう。
そのままどこかズレた状態の生活が続き、

その変化に体が順応できず、風邪をひきやすくなる。
こうして貴重な人生の時間のうち1週間以上を台無しにしてしまうのだ。
やむを得ず夜中の12時から勉強しなければならない状況に陥ったら、
とりあえずは前半の3時間を睡眠に充《あ》てることだ。
先に3時間の睡眠を確保しておけば、最低限の休息はできたことになる。
先に睡眠を確保するのは、神社でお賽銭《さいせん》を先に入れるのと同じだ。
「先にご利益があってから、それに見合ったお賽銭をします」
という人はいないはずだ。
先に自分の体にお賽銭として睡眠をプレゼントしておくことによって、
初めて勉強をさせていただくことができるのだ。
夜中の12時から3時まで熟睡したあとのリフレッシュした頭で勉強すれば、
朝6時までの3時間は猛烈な集中力を発揮できるはずだ。
睡魔と闘いながらの6時間の勉強は、

熟睡したあとの3時間の勉強には遠く及ばないのだ。
にもかからず、3時間では時間が足りなかったという結果になったとしよう。
それは実は、もし6時間の徹夜をしていれば、
もっと悲惨な結果になっていたような状況だったということだ。
もちろん何十ページも暗記しなければならない勉強の場合は、
夜中2時まで暗記してから朝5時まで熟睡して、
6時までの1時間を復習に充てるなど融通を利かせよう。

大切なことは、切羽詰まった場合にこそ睡眠を忘れない、ということだ。

睡魔と闘うよりは、いっそ寝てしまおう。熟睡して頭をリフレッシュさせれば、挽回は可能だ。

ウトウトして踏ん張るくらいなら、
90分後に目覚ましをセットして
今すぐ眠る。

TRACK 25

勉強しているとウトウトしてくることがある。
この場合、二通りの受験生に分かれる。
ウトウトしても踏ん張る受験生と、

ウトウトしてきたら潔《いさぎよ》くそのまま寝てしまう受験生だ。

どちらの受験生が結果を出せるかといえば、後者の潔く寝てしまう受験生だ。
もちろん、単純に寝てばかりいては結果など永遠に出せない。
ウトウトしてきたら90分後に目覚ましをセットして潔く寝てしまい、
それから勉強を再開すればいいのだ。
90分というのはあくまでも睡眠の1サイクルの目安だが、
これは自分に適したサイクルをあらかじめ把握しておくといいだろう。
人によっては睡眠の1サイクルが、
70分だったり100分だったりするからである。

要はウトウトしてきたらそのまま寝てしまい、
何分後に自分はスカッと目が覚めるのかを知っておくことだ。
私の場合はその日の体調にもよるが、60分〜80分くらいだ。
このくらい眠ると、爽快な朝を迎えたように
頭がリフレッシュして回転してくれる。

勉強中ウトウトすることに罪悪感を憶える受験生もいるかもしれないが、
その必要はまったくない。

ウトウトするのはあなたのやる気がないからではなく、
「仮眠を確保してくれればそのあとで頭をフル回転させますよ」
という体の合図なのだ。

だから私は、勉強中や読書中にウトウトしてくると、ワクワクする。
もともと寝るのが大好きだということもあるが、
思い切って仮眠を取ることによって自分を再起動させるのが

この上なく快感だからである。

それに、ウトウトしかける直前に憶えていた内容を、寝起きに記憶に刻まれているのを確認するのもこれまた楽しみだ。

ウトウトするのは後ろ向きではなく、すこぶる前向きな行為だ。

もったいないのは、ウトウトしているのに無理に頑張ろうとすることだ。

ウトウトしかけたら、
勇気を持ってそのまま寝てしまおう。

ウトウトしかけたタイミングが、仮眠の絶好のチャンスなのだ。

「もうすぐウトウトするぞ」と直感したら、記憶をする最高のタイミングだ。


「ウトウト」してきたらチャンス！

仮眠してから勉強すれば、記憶力はグンと上がる。

始発電車は、動く勉強部屋。

TRACK 26

始発電車の素晴らしいところは、
早朝だけあって乗客が極端に少なく、余裕を持って座れることだ。
都内でも始発電車は驚くほど空いている。
始発電車というのは動く勉強部屋だ。
勉強というのは、極端に静か過ぎても集中しにくいことが多い。

むしろ、適度な雑音があったほうが
安心して勉強できるものだ。

電車の場合はそれが、
「ガタン、ゴトン」というリズミカルで単調な音ではないだろうか。
このリズミカルで単調な音がうるさくて勉強に集中できないという人は、
さすがに少ないはずだ。
私の場合、新卒で入った保険会社の資格試験勉強でこの始発電車を利用した。

ご存知のように金融業界では、
入社直後から業界の資格試験を山のように受けさせられる。
仕事の合間を縫《ぬ》い、やっとの思いで目の前の試験にクリアしたと思っても、
すぐさま総務から分厚いテキストをどっさり渡されて、
常に勉強をし続けなければならない。
ここで私が目をつけたのが、始発電車だ。
周りに気兼ねすることなくゆったりと座り、
駅ごとにノルマを決めて集中して勉強していたから、
会社の最寄り駅に到着するまでには、その日のノルマが無事終了していた。

こうして同期入社の中ではダントツのスピードで、
業界のすべての資格を取得してしまった。

とりわけ難易度が高くマニアックな試験もあったが、

それでも入社2年目の夏に一発合格、社内報に掲載されて部長に絶句された。

すでに述べてきた睡眠の力と、
始発電車という「動く勉強部屋」の賜物《たまもの》であった。

どんなに大量の暗記事項も、
寝る前の詰め込みと、翌朝の1分復習だけで余裕を持って乗り切れた。

動く勉強部屋である始発電車の中では、
駅ごとに練習問題を解いて、その解説を理解していった。

何百ページもあるテキストも、これでクリアできないことなどなかった。

私の記憶力が増したわけではなく、記憶のコツを習得しただけの話だ。

忙しい毎日の勉強に、始発電車を利用してみよう。混雑とは無縁で、駅ごとにノルマを決めて集中できる。

学校や会社で朝読書を習慣にすると、あらゆる問題が好転し始める。

TRACK 27

こうして本を読んでいるあなたは、朝読書について聞いたことがあるだろう。
コンサル時代の私の顧問先でも朝読書を習慣にしている会社があったし、
朝読書する学校も視察したことがある。
現場の社長や教師たちが口を揃えていたことは、
「最初は半信半疑だったが、半年もするとあらゆる問題が好転し始めた」
という事実だった。
まず、会社の場合は業績が上がる。
なぜなら社員が言い訳しなくなるからだ。
言い訳というのは、何か問題が発生したらすぐに他人のせいにすることだ。
ビジネス書や自己啓発書を何冊か読んでいれば、

「原因を他人のせいにするのは最も恥ずかしいことだ」

ということが、あらゆる本に繰り返し書かれている。

続けて、「まず自分に原因がないか振り返ってみよう」とも繰り返し書かれている。

上司や同僚に直接これらと同じことを何度も言われると、「うるさいな」「そんなことわかっているよ」とつい反発したくなるものだ。ところが本を通じて自分と会話しながら読んでいると、驚くほど素直になれるのだ。

上司に問い詰められてつい言い訳しかけた自分にハッと気づいて、自分がいかに恥ずかしいことをしていたかに気づかされるのだ。その結果、原因を自分に求めて率先して動くようになる。これで業績が上がらないわけがないのだ。

これが学校だといじめがなくなる。

どうしていじめが発生するかといえば、想像力が不足しているからだ。自分がいじめられたらどんな気持ちになるのかを想像できれば、いじめは人として未熟で恥ずかしい行為だということに気づかされる。

「どうして人を殺してはいけないの？」という質問もなくなる。

もう少し想像力がつくと、次のことに気づかされる。


いじめっ子とは時と場所を変えればいじめられっ子であり、惨《みじ》めな存在である。


朝読書に漫画を入れてもいいのか否かの議論をする人もいるが、明らかにギャグ漫画というのでなければいいのではないだろうか。

漫画だって、人生を一変させる傑作が数え切れないほどある。

朝読書で何より大切なことは、社長や教師自身が読書好きの背中を見せることだ。


朝読書で、本を通じて自分と会話してみよう。人生を変える傑作と出逢えることもある。

勉強は何時間やったかより、
いつやったかが大切。

4

人間関係は、朝で決まる。

朝の出逢いは、
一生の付き合いになる。

TRACK 28

あなたが一生の付き合いになると思っている人を思い浮かべてもらいたい。
その人との出逢いは、朝ではなかったか。
百歩譲《ゆず》って、午前中の出逢いではなかっただろうか。
私の親友や大切な人たちとの出逢いを虚心坦懐《きょしんたんかい》に振り返ってみると、
不思議なことに朝に出逢った人たちばかりだ。
反対に、
夜に出逢った人とも仲良くなったことはあるにはあるが、
不思議なことにその付き合いはあまり長続きしなかった。
この原因はハッキリしている。

午前中というのは下心のない出逢いが多いが、
午後以降になると下心のある出逢いが多くなるからだ。

出逢いというのは下心が伝わった瞬間、感動が急にしぼんでしまう。

学生時代でもクラス替えや席替えがあったときなど、
朝イチで声をかけ合った同士で仲良くなることが多いのはそのためだ。
私が高校時代に出逢った親友は、
最初の美術の授業でたまたま席が前後になったからだった。
どちらから声をかけるわけでもなく、
自然にそのまま打ち解け合っていた。
そして今でも、淡々と付き合いが続いている。
新卒で入った会社の内定式の開始前に、
たまたま明らかに周囲から浮いていた者同士が引き寄せ合い、
どちらからというわけでもなく自然に声をかけていた。
社会人になってからもずっとこの調子で、
朝イチでアポを取った社長たちの多くといまだに付き合いが続いている。
朝の出逢いは、一生の付き合いになりやすいのだ。

誰かと一生の付き合いを築きたければ、ぜひ朝のうちに出逢っておくべきだ。

朝というのは誰だって気分良く生きたいものである。
たまに朝から怒っている人もいるが、
その人だって本当は好きで怒っているわけではなく、
心の中では泣いているのだ。
朝には人の魅力を増す不思議な力が秘められているから、
ぜひこれを活かさない手はない。

朝には人の魅力を増す不思議な力が秘められている。朝の出逢いは、一生の宝になる。

夜が元気な人より、
朝が元気な人のほうがカッコいい。

TRACK 29

世の中には夜が元気な人は多い。
だから夜がいくら元気でも、珍しくも何ともないから差がつかない。
差がつくのは朝が強い人だ。
朝は元気な人が少ないから、朝から元気な人はそれだけで際立つ。
そして一流の人は、例外なく朝から元気だ。
一流の人と出逢いたければ、朝から元気でいないことには
その他大勢と同じく、通りすがりの関係で終わってしまう。

一流の人は、朝が元気な人をいつも探しているのだ。

だからたとえ若輩者でも朝が元気な人を見つけると、
「見所があるじゃないか」と評価されることになる。
私はこれまで3000人以上のエグゼクティブたちと仕事をしてきたが、
彼らに好かれるために、

朝は多少無理をしてでも元気なふりをしていたくらいだ。

朝から元気なふりを演じていると、彼らエグゼクティブは「朝から元気だねぇ〜」と嬉しそうな顔をして話しかけてきたものだ。

エグゼクティブたちの

「朝から元気だね〜」は最高の褒め言葉であり、「君はこっち側の人間だね」という意味が込められている。


特に元気な現役オーナー経営者たちはほぼ全員、朝がおそろしく早く、まだ外が薄暗いうちから早朝の打ち合わせを好んでしたものだ。

早朝の打ち合わせをオーナーと二人きりでさせてもらえるようになることこそ、コンサルとして相手に認められた証だった。

何を隠そう、この早朝の打ち合わせで決めた内容こそがオーナーの本音であり、そのまま全社経営に反映されてしまうのだった。

朝6時台から打ち合わせをすることは日常茶飯事であったため、
宿泊先のホテルの朝食も「朝6時半から」では間に合わず、
キャンセルしてそのまま顧問先に向かった。
そしていかにも何時間も前からとっくに起きていたように見せるため、
必ず朝はやや熱めのシャワーを浴びて、あらかじめ冷蔵庫に入れておいた
キリリと冷えた目薬をしてから出かけた。
浴室でたっぷり蒸気を吸い込んでいるうちに、
寝起きの声も次第に張りが出てくる。
整髪料で頭に艶を出し、目もパチリと開いているから、
どこからどう見ても朝から元気で健康に見えたことだろう。

一流の人は、朝が元気な人をいつも探している。
ふりでもいいから、朝の元気を演じよう。

朝起きて顔を洗ったら、
鏡の前で思い切り笑顔を作ってみよう。

TRACK 30

人間には二通りいる。
「最近、みんな笑顔がない」と険《けわ》しい顔をして愚痴《ぐち》を言う人。
「最近、みんな笑顔になってきた」と笑顔で言う人。
前者は自分に笑顔がない人で、後者は自分が笑顔の人だ。
シンプルだけどそれだけの話なのだ。
険しい顔の人には険しい顔の人が集まってくるし、
笑顔の人には笑顔の人が集まってくる。
これは自然の摂理だ。
朝から険しい顔をしていると、朝から険しい顔を周囲に集めてしまう。
これでは幸せな人生など送れるはずがない。

「どうして自分は運が悪いのだろう」と考えている人は、
一度、自分の顔を鏡できちんと見てみることだ。

この際に注意しなければならないことがある。
鏡を見ると、無意識のうちにちょっとマシな顔に修正してしまうのだ。
ところがそれは、あなたが普段周囲に見せているありのままの顔ではない。
あなたが普段周囲に見せている顔は、
鏡を見た瞬間に、思わず修正したくなってしまうような醜《みにく》い表情なのだ。
鏡を見て0・5秒経過すると、すでに嘘の顔になってしまっているから、
そこを忘れないことだ。
そして大切なことは、
鏡を見た瞬間の自分の醜い表情の現実をまず受容することだ。
これがレベル0だ。
その上で朝起きて顔を洗ったら、
鏡の前で思い切り笑顔を作ってみることだ。
顔の筋トレをするつもりで、かなり大袈裟に笑ってみるのだ。

顔の筋トレをしながら、

「こんな表情の人なら友だちになってもいいかな」と思える自分の表情を見つけるのだ。

そしてその表情を顔で記憶するのだ。

毎朝これを繰り返し、鏡を見なくてもその表情を作れるようになったら、レベル1をクリアしたことになる。

レベル2としては、意識しなくてもその表情で人生を送れるようにすることだ。

この段階になれば「最近、みんな笑顔になってきた」と心底思えるだろう。

あなたが笑顔になれば、周りも笑顔になる。
朝、顔の筋トレをして、最高の笑顔を作ってみよう。

「おはようございます」は、
１００％自分から
発信すると決めておく。

TRACK 31

挨拶に関して持論を展開する人は多い。
特に最近はマナー研修の先生が増えてきて、あちこちで持論を展開し始めた。
けれども実に不思議なことに、
マナー研修の先生には感じの悪い人が結構多い。
先生自身のマナーができていないのに、
その先生からマナーを教わりたいわけがない。
マナーのできていない先生が、
あちこちで間違ったマナーを撒き散らしているのだ。
そしてそのマナーの基本こそ挨拶なのだ。
私の挨拶に対するアドバイスはとてもシンプルだ。
複雑なことや余計なことを考えず、
「おはようございます」は１００％自分から発信すると決めておくのだ。
もちろん、いつでもどこでも元気に大きな声で挨拶すればいいわけではない。

その場の空気によっては、
会釈で済ませなければならないことだってたくさんある。
だが、その場合も自分から率先して会釈することだ。
たったこれだけのことで、あなたは挨拶で文句を言われることはなくなる。
挨拶なんて本当にその程度のものだが、それができない人が多いのだ。
抜群に仕事ができるのに途中で失速していった元エリートたちは、
たいてい挨拶に問題があった人だ。
歌手の世界や芸能界でも、挨拶に問題があると、
もうそれだけで十分に干される理由になる。
特に朝の挨拶はマナーとしてだけでなく、

「おはようございます」と先に言うことで
その日の主導権を握ることができる。

たとえあなたの役職が下でも、
あなたから先に上司に挨拶すれば、上司も挨拶を返さざるを得ない。

つまりあなたが先に挨拶することによって、
あなたが上司を動かしたことになるのだ。

このように挨拶というのは、何気なく両者の間で力関係を発生させる。
あなたが上司の場合は部下に先に挨拶することによって、
より大きくあなたが主導権を握るきっかけを作ることができるわけだ。
もし挨拶を無視する人がいても、負けずに挨拶し続けていれば、
周囲は自然にあなたを応援する。
自分から先に挨拶しない理由などないのだ。

先手必勝で挨拶をすれば、
あなたが主導権を握るきっかけにできる。

朝は、仲直りのチャンス。

TRACK 32

人間関係を修復しようと思ったら、朝がチャンスだ。

朝は誰でも嫌な言葉を発したくないから、いい人モードになりやすい。

もちろん朝から機嫌の悪い人もいるから、そこは空気を読む必要があるが、

多くの場合、朝は誰でも感じがいい。

そこでタイミングを見計らって誠意を持って謝罪をすれば、たいていは許してくれるものだ。

相手はまさか朝から誰かに謝罪をされるとは思ってもいないから、怒りの感情を準備していないのだ。

だから不意打ちを食らったような顔をして、思わず許してしまうものだ。

私自身もサラリーマン時代は謝罪するならいつも朝だと決めていた。

私が少しだけ工夫していたことは二つある。

できるだけ二人きりになって謝ることと、
力を込めて小さな声で謝ることだ。
二人きりになる理由は簡単だ。
二人きりになればお互いの立場に関係なく、
周囲の目も気にせずにどれだけでも謝れるからだ。
その気になれば土下座でも何でもできる。
力を込めて小さな声で謝るのは、
そのほうが本当に反省していることが伝わるからだ。
これは一流ホテルのサービスマンの謝罪の仕方を観察して、
私が盗んだ方法だ。

少し肩を震わせながら力強く小さな声で謝ると、
人はそれ以上相手を責めにくくなるものだ。

私が20代の頃、某大手証券会社の社長が廃業の際に、
テレビの前でこれとまったく同じ謝り方をしていた。
この謝り方のためか、
その後、彼個人を集中的にバッシングする人はいなかった。
反対にいつまでもネチネチとマスコミに叩かれる人もいるが、
それは謝り方が下手なのだ。
綺麗事《きれいごと》を抜きにすると、
本当に反省したか否かが問題なのではない。
周囲から、本当に反省しているように見えることが大切なのだ。
人は自分より力のある人が反省する姿を見ることが大好きな生き物なのだ。

人間関係の修復は、朝がチャンス。
二人きりになって、小声で謝ろう。

偉い人とアポが取れないのは、
あなたがいつも午後を指定するから。

TRACK 33

「偉い人となかなかアポが取れません」
という若手営業マンの悩みが、私のパソコンに届くことがある。
営業マンにとっては「偉い人と会うこと＝儲け」かもしれないが、
偉い人にとっては、営業マンと会ってもたいしてメリットを感じない。

偉い人の周囲は、すでに一流の人脈で溢れ返っているものだ。

出版社の編集者も、これと同じ悩みを抱えている。
本を出したいという人は多いが、実際に出版社が本を出してほしいのは、
自分から本を出したいとは思っていない成功者であることが多いからだ。
真の成功者は本など出さなくてもすでに確固たるブランドが構築されているし、
本の印税で稼ぐ必要などないからだ。
実は私も20代の頃は、同じように偉い人とのアポに悩んだ時期がある。

本当は愚直に実力をつけた上で自然の出逢いを待つのが一番だが、
どうしてもアポを取りたければ、意外な方法がある。
それは、アポを取る際には朝イチを指定することだ。
ほとんどの人は偉い人とアポを取る際に午後を指定してしまう。
ところが考えることは誰でも同じで、
偉い人の午後はすでにアポで埋め尽くされている。
午後は1年先までアポが入っているのが偉い人の常なのだ。
そこで盲点となるのが、朝イチというわけだ。
トップセールスの中には、早朝に会社の入り口で
社長が出社するのを待ち伏せした猛者《もさ》もいるし、
朝イチで到着するように社長に電報を打ち、それが届いた瞬間に
「今からどうですか？」と電話をかけて会えた人もいる。
こういう話をすると必ず

郵便はがき

料金受取人払郵便

大崎局承認

8650

差出有効期間
平成30年1月
11日まで

（切手をはらずに
お出し下さい）

141-8790
102

東京都大崎局　私書箱67号

学研プラス
高大・社会実用事業部
趣味・カルチャー事業室

「人生の勝負は、朝で決まる。」係行

ご住所	（郵便番号）　　-
お名前	

購読している新聞	購読している雑誌	お好きな作家

[人生の勝負は、朝で決まる。]

◎本書をお買い上げいただき、誠にありがとうございました。
質問にお答えいただけましたら幸いです。

◆年齢（　　　歳）◆性別（　　）

◆ご職業（　　　　　　）

◆本書をお求めになった動機は?

①書店で見て　②新聞で見て　③著者ブログで知って

④コンビニで　⑤知人にすすめられて

⑥プレゼントされて　⑦その他（　　　　　）

◆著者へのメッセージ、または本書のご感想をお書きください。

◆このハガキを著者にお見せしてもよろしいですか?（はい・いいえ）

■このアンケートは今後の編集の参考にさせていただきます。
ご記入いただきました個人情報については、許可なく他の目的で使用することはありません。
個人情報に関するお問い合わせは、(株)学研プラス　趣味・カルチャー事業室
(☎03-6431-1473)までお願いいたします。
弊社の個人情報保護については http:/gakken-plus.co.jp/privacypolicy/をご覧ください。

ご協力ありがとうございました。

「自分も同じことをやってみたけどダメでした」
と拗《す》ねる人が登場する。
とりあえず同じことを真似してやってみたところまでは確かに偉いが、
自分なりに工夫を付加しなければ、
成果など出るはずがない。
ここでは朝イチというヒントに加え、
アポの取り方などいくらでも存在するという点に気づくことが大切なのだ。
偉い人と無理にでも出逢いたければ、
のん気に午後を指定している場合ではないのだ。

偉い人と会いたいなら、ライバルの少ない朝が狙い目。
工夫を重ねてチャンスを掴め！

平日の朝まで飲んだときこそ、朝イチで出社するのが信用だ。

TRACK 34

最近のサラリーマンは飲み会が随分減ったと聞くが、
それでも年に何度か、夜明けまで飲んで語り明かすことはあるだろう。
ごく少数だが、会社によってはまだ20世紀型の
オールナイト接待を継続しているという景気のいい話も聞く。
私がサラリーマン時代には、朝まで飲みたい同僚がまだ多かったし、
景気のいい取引先では終電が過ぎても打ち上げが続くことはザラだった。

ここでチャンスが巡ってくるのは、
あなたが平日の朝まで飲まされたときだ。

上司の中には酔っぱらいながら、
「明日は午後からでいいぞ」と声をかけてくれる人もいるかもしれない。
だがあなたは、断じてその言葉に甘えるべきではない。
平日に朝まで飲んだときこそ、

家でシャワーを浴びて着替えたらすぐ、出社することだ。

それも、いつも以上にビシッとした格好で早朝から出社すべきである。

仮に所属する課や部で、あなた以外が全員午後出社だったとしよう。

するとあなたは、ただ早朝出社するだけで際立つ。

「あれ？　アイツは昨夜参加しなかったのか？」

と他の課や部のメンバーたちが噂して、いずれ必ずあなたの上司の耳に入る。

そうすれば上司もあなたに一目置かざるを得ない。

それだけではない。

「アイツは見所がある」

と他の課や部の上司からの評価が確実に上がるだろう。

大袈裟な話ではなく、
出世とはこうした信用の蓄積で決定していくものだ。

極端な話、平日の朝まで飲んだときは早朝出社さえしておけば、午後から外回りに行くふりをしてそのまま家に帰って休んでもいいくらいだ。

現に私がサラリーマン時代にはそうしていた。

私は2社でサラリーマンを経験したが、いずれの組織でも〝超人的な体力の持ち主〟という揺るぎないブランドを構築できたのは、そう見せる努力を惜しまなかったからだ。

現実のあなたに、体力があって朝に強いかどうかは問題ではない。

どこからどう見ても、体力があって朝が強いように見えることが肝心なのだ。

朝まで飲んだ当日に、ビシッと決めて朝イチで出社する。それだけで、あなたの評価は確実に上がる。

毎朝同じ電車に乗っている人は、
同じような人生を歩んでいる。

TRACK 35

あなたが毎朝同じ電車の同じ車両に乗っているなら、次の事実に気づくはずだ。
かなりの割合で、乗客の顔ぶれが同じだということだ。
駅のホームで見かける顔も、
そのほとんどが同じ顔ぶれではないだろうか。
さらに一歩突っ込んで考えると、こんな事実にも気づかされるはずだ。

その顔ぶれは、あなたと同じような人生を歩んでいる。

相手が同世代なら、似たようなランクの会社で、似たような年収をもらい、似たような風貌をしているのではないだろうか。
相手が年上なら、自分も将来こうなるだろうと予想させるような雰囲気を漂わせているのではないだろうか。
私が新入社員の頃、ある時ふとそんな疑問を持って、乗る電車の時刻をわざと前後させて、ずらしてみた時期があった。

すると乗車時刻により、社風ならぬ車風のようなものが大きく異なる、
という事実が明らかになった。

早い電車には、
元気で向上心が強い人たちが乗っている比率が高かった。

朝早い電車は空いているから若手社員は何かの勉強をしていたし、
中年社員は悠然と座りながら話題のベストセラーや
ハードカバーの本を読んでいた。
もちろん中には終始爆睡していた人も一定数いたが。
反対に遅い電車には元気のない人が多かった。
言い方は悪いが、どこかボーっとしていて、
まるで幽霊のような雰囲気のサラリーマンの比率が高かった。
その上、時間ギリギリで生きている人の割合が高いためか、

お互いにせかせかして一触即発《いっしょくそくはつ》のトラブルが発生しやすい雰囲気だった。
この経験を通して、私は確信したのだ。
毎朝同じ電車に乗っている人は、同じような人生を歩んでいるということを。
それどころか、たとえ今の自分が元気でも、
元気のない遅めの電車に何百回、何千回と乗ることによって
自分の元気が少しずつしぼんでいくのだ。
結果としてあなたの将来もまた、しぼんでいくのだ。
以上を読んだあなたが、
「うわっ、これはまさに自分のことじゃないか！」
と冷や汗をかいたならまだ大丈夫だ。
これから乗る電車を変えればいいだけの話だ。

早い電車には、元気で向上心が強い人たちが乗っている。
人生を好転させたければ、早い時間の電車に乗ろう。

迷ったら、
朝にアポを取ろう。

5

恋愛は、朝で決まる。

夜惚れても朝冷めるが、
朝惚れたら夜は冷めない。

TRACK 36

私は経営コンサルタント時代、
夜の高級クラブが大好きな広告代理店の社長と仕事をしたことがある。
仕事が終わると必ずクラブに付き合わされたのだが、
今となっては水商売のビジネスモデルの勉強ができたと感謝している。
店内の薄暗い照明の中では、
女の子たちの誰もがドレスアップしていることもあって
最高の〝いい女〟に見える。
どんなに冴えない子でも最高に美人に見えるように、
極限まで計算し尽くされているのだ。
その事実に身を持って気づかされたのが、
その社長が入れ込んでいる女の子を勤務時間外に呼び出して会ったときのことだ。
そこで登場した彼女は店内で見るお姫様とは全く別人の、
ごく普通、いや、ハッキリ言ってダサい女の子に過ぎなかった。

その社長は私にも気遣って別の女の子をエスコートしてくれたのだが、彼女もまた、店内にいたときの輝きは微塵《みじん》も残っていなかった。私は顔に出やすいから、きっと敏感な彼女たちにはそれがすぐ伝わったと思う。この経験と自分の過去の経験を重ねて、私はあることを確信した。

夜惚れても朝冷めるが、朝惚れたら夜は冷めないということだ。

プロジェクト終了後、何でも本音を話せる関係になって、思い切って社長にそのことを打ち明けてみた。

さすがに社長は一枚上手だった。

「その通り！

だから店内の余韻がギリギリ残っているとき、すぐに抱くんだ。

昼間に会っては絶対にいけないよ。並以下だからね」

恋愛でもこれと同じで、夜に口説く人は多いが、
夜に口説いても究極は一夜限りの関係で終わる。
最初から一夜限りの関係と割り切っているならそれもいいが、
そもそもそれは恋愛ではない。

もし本気で人を愛したいなら、
その人の夜にではなく、朝に惚れることだ。

相手の朝の表情に惚れるということは、
本当にその人のことが好きだということだ。
朝惚れた人と一緒に過ごす夜こそが、極上の夜なのだ。

本気で人を愛したいなら、夜の顔でなく、朝の顔に惚れる。
朝惚れた人と一緒に、極上の夜を過ごそう。

TRACK 37

早朝デートは、
深夜デートより濃厚だ。

デートといえば、普通は夜のお楽しみだ。
ところが学生時代と違って社会人になると、
急に忙しくなったり、
自分で時間をコントロールできなくなったりするから、
どうしてもお互い、夜に会うのが難しくなってくる。
最初のうちはお互い会えないことに対する不満が募ってケンカするが、
それはまだ相手に愛情がある証拠だ。

そのうち次第に不満も感じなくなって、
ケンカもしなくなる。

恋が終わった証拠だ。
ひょっとしたらあなたもこんな苦い経験をしたことがあるかもしれない。
そこで私から打開策がある。

早朝デートのおススメだ。
早朝デートなどと聞くと、あなたはバカにして笑うかもしれないが、
深夜デートよりもはるかに濃厚だと断言しておく。
まず、早朝デートは深夜デートと違って周囲がとても静かだ。
当たり前だと思うかもしれないが、

周囲が静かだとそれだけで
世界は二人だけのものだという錯覚ができる。

まるで映画のヒーロー、ヒロインになった気分で盛り上がれるのだ。
それに深夜デートでは絶対に見つけられない、
早朝ならではのデートスポットが発掘できる。
しかも二人だけの秘密だ。
深夜よりも早朝のほうが何倍も、何十倍も、

二人だけの世界に浸れるのだ。

早朝デートは、愛を深めるためにはもってこいなのだ。

それだけでは終わらない。

早朝デートでお互いにムラムラしてきたら、
ラブホテルには「早朝タイム」という比較的安価なサービスが設けられているところが多いと囁《ささや》いておこう。

男性諸君ならご存知のように、
早朝のファッションヘルスは行列ができるほどの大人気だ。

徹夜明けの男性は性欲がピークに達するからだ。

というわけで、ありとあらゆる面において早朝デートは意外な穴場なのだ。


マンネリになったら、早朝にデートしてみる。

二人だけの静かな世界で、愛を深めよう。

早朝デートのほうが、お互いに遅刻しなくなる。

TRACK 38

デートでのケンカといえば、
待ち合わせ時間への遅刻が原因であることが多い。
遅刻する側というのは、いつもたいてい決まっているものだ。
遅刻するような相手とは別れてしまえというのが私の意見だが、
それでも相手のことが好きなら仕方がない。
どうして相手が遅刻するかといえば、夜に待ち合わせをするからだ。

不思議なことに、夜に待ち合わせをすると、
「多少遅れても大丈夫」と遅刻の常習犯は思ってしまう。

それどころか待ち合わせ時間を遅く設定すればするほど、
遅刻しても大丈夫と思うらしい。
デートの前に仕事が入っていると、
無意識に今やっている仕事を優先してしまうのが人間というものだ。

最終的には

「いざとなったらホテルに泊まればいいし……」

「どうせホテルに泊まるのだから……」

と思っているうちに、相手も愛想を尽かして離れていく。

遅刻の常習犯に効果てき面なのは、夜ではなく朝に待ち合わせをすることだ。

この場合、遅刻の常習犯は二通りに分かれていく。

遅刻どころか毎回寝過ごす相手と、見事に遅刻しなくなる相手だ。

前者とは二度と会うことがないのだから、

そのまま関係を自然消滅させればいいだけの話だ。

なぜなら相手はあなたよりも惰眠を貪ることを優先したのだから、

あなたもフラれたその事実を認めるべきだ。

まだ眠いのを我慢してまで、あなたの顔が見たくないと

行動で示してくれているのだ。

この現実から目を逸らすべきではない。

反対に遅刻せずにきちんと来てくれるようになった相手とは、愛を育むことができるだろう。

早朝というのは電車の数も少なく、本気で間に合わせようと思える。

あらかじめ会社の始業時間という終了時間が設定されているため、1分1秒を大切に過ごそうと思える。

時間を大切に想うということは、
相手の命を大切に想うということなのだ。

夜ではなく朝に待ち合わせをすると、
1分1秒が大切に思えてくる。

深夜デートから早朝デートにシフトすると、綺麗になる。

TRACK 39

女性は深夜デートから早朝デートにシフトすることによって、確実に綺麗になる。
深夜デートをすると、必然的に酒とタバコが近づいてくる。
あなたが酒とタバコをやらなくても、相手や周囲がやるなら同じことだ。
特にタバコの副流煙が体に悪いのは周知の事実である。
あなたが酒とタバコが大好きなら、ますます不健康になるのは間違いない。
そもそも科学的データに基づく事実として、
日本人は遺伝的に約半数近くはアルコールに弱い人種だ。
遺伝的に弱いのに自分は強いと勘違いしてアルコールを飲み続けていると、
食道ガンを中心に内臓系のガンになる確率を飛躍的に高めてしまう。
タバコに関してはすでに語り尽くされているように、
「肺ガンになりたければ、積極的に喫煙してください」
とガンの専門医に言われることだろう。
少なくとも毎日欠かさず酒とタバコを流し込まずにいられない女性と、

酒もタバコも一切やらない女性とでは、
40代以降の肌の艶がまるで違うのは紛れもない事実だ。
昔は30代で差がついていたのが、
今は全体に若返っているので40代というわけだ。
毎日酒とタバコを流し込んできた女性の40代以降は、
声が男性のようにガサガサで肌もどす黒くなってしおれていくことは
周囲を見れば明らかだろう。
あなたがまともな女性なら、そんな風にだけはなりたくないはずだ。
ここで私は、酒とタバコは一切断てという道徳論をぶちたいわけではない。
自分でもいい加減、自分の酒好きタバコ好きに嫌気がさしているのなら、
せめてデートくらいは早朝にして、
この機会に酒とタバコを減らしてみないかという提案である。
早朝デートにすれば、当然生活のリズムも朝型になるから深酒もしない。

規則正しい生活をしていれば、あなたの健康にもいいだろう。
早朝デートで朝から食べるようになれば、
酒やタバコと違った、食のおいしさに目覚めるかもしれない。
お酒より、搾《しぼ》りたての野菜ジュースをおいしいと発見するかもしれない。

食後の一服より、
食後の散歩のほうが快適だと発見するかもしれない。

以上は、何も女性に限った話ではない。
男性も大量の酒とタバコを流し込み続けていると、
40代から薄汚いオヤジ一直線だ。
若い頃にどんなに甘いマスクであっても、顔が土色になってきたらアウトだ。

お肌の衰えを感じ始めた女性には、早朝デートがおススメ。
酒とタバコが遠ざかり、健康な自分になれる。

嫌なことがあっても、
翌朝に最愛の人と会えるなら
ぐっすり眠れる。

TRACK 40

嫌なことがあった日は眠れない、という人は多いだろう。
嫌なことがあると、独りでは耐え切れず、つい周囲に声をかけてしまう。
それが何度も続くと、次第に周囲から愛想を尽かされて、
孤立無援になってしまう。
特に女性はこういう経験をした人が多いはずだ。

輝いている女性は、
嫌なことがあっても周囲に喚《わめ》き散らすことはない。

なぜなら自分に自信があるからである。
もちろん、自信の根っこは愛だ。
どんなに嫌なことがあっても、
朝になれば最愛の人と会えるのだからどうでもいい話なのだ。
「今日も嫌なことがあったなぁ」と思ったゼロ秒後には、

「ま、いいか。どうせ明日はあの人と会えるし」とニンマリできる。
会社で口うるさいお局《つぼね》さんがいても、
「この人、どうせもう何年も抱いてもらってないんだろうなぁ……」
と心底同情してあげられる。
会社で憎まれ口を叩く上司がいても、
「このオヤジ、どうせ奥さんからも尊敬されていないんだろうなぁ……」
と心底同情してあげられる。
人は心底同情した相手のことなら、あっさり許してあげられるものなのだ。
あなたが女性ならこの意味がよく理解できるはずだ。
女性同士の世界ではどんなに仕事ができようが、
どんなに地位があろうが、どんなに高い年収をもらっていようが、
それらは愛が満たされていることの前ではごく些細《ささい》なことでしかない。
それどころか、愛が満たされてない状態でどんなに仕事ができても、

どんなに地位があっても、どんなに高い年収をもらっていても、
女性というのは虚しくなる一方なのだ。
もちろん男性だって、最愛の女性と心で繋《つな》がっていれば心強い。
すべての男性は大なり小なりマザコンだから、
自分は母性に守られている
という実感があれば仕事も人生も果敢に挑戦できるというものだ。

寝つきがいい人は、精神が安定している人だ。

精神が安定している人は、最愛の人と心で繋がっている人だ。
最愛の人と心で繋がるためにも、早朝デートはおススメである。

寝つきがいい人は、精神が安定している人。
精神が安定している人は、最愛の人と心で繋がっている人。

深夜のキスは性欲。
朝のキスは愛。

TRACK 41

男性も女性も好きな相手とキスをしたくなるのはごく自然の流れだ。
ただしキスには二通りある。
性欲によるものと、愛によるものだ。
深夜のキスは性欲によるものだ。朝のキスは愛によるものだ。
特に男性が深夜にキスを迫ってきたら、
それは女性とセックスをしたがっていると考えてほぼ間違いない。
とりあえずキスしておかないと女性はその気にならないと思っているから、
男性はキスをしているだけなのだ。
女性の場合はまず心が繋がっているという揺るぎない安心感があって、
それが溢れ出すことによって男性とキスしたくなり、
その延長線上にセックスもあるに過ぎない。
だから女性は男性と違い、相手と心が繋がっている確信があって、
その男性とキスができていれば、セックスをしなくても

男性ほど深刻にモヤモヤを溜め込んだりはしないのだ。
反対に、男性が朝にキスをしてきたら、それはその女性が愛《いと》おしいからだ。
特に新婚夫婦や同棲し始めたばかりのカップルによく見られるように、

「行ってらっしゃい」のキスを男性からしてくる場合は、その女性が愛おしくて仕方がないと考えていい。

こう考えると、女性が男性に本当に求めているキスは、
朝のキスということになる。
もちろん、深夜にキスを迫られるのは
あなたの肉体がそれだけ女性として魅力的だということだから、
それはそれで誇りを持っていい。
だが愛のあるキスを求めているのなら、
朝にしてもらえるよう自分の魅力を磨かなければならない。

これを読んだからといって「どうして朝はキスをしてくれないの！」とあなたが男性に迫っても、男性は困惑してあなたから心が離れていくだろう。
男性が日々、仕事と必死で闘っているように、
女性も日々、自分自身と必死で格闘して成長することだ。
肉体的魅力を磨くのはもちろんのこと、
こうして本を読むなどしてオトコゴコロを日々勉強しておくことだ。
毎朝、男性からあなたにキスをしてくるようなら、
愛の努力の方向は間違っていない。

愛のあるキスを受ける人になるために、自分を磨いて、朝もキスしたくなる女性になろう。

夜は暗さでごまかせても、
朝の光の中ではごまかせない。

TRACK 42

エジソンは「夜も昼のような明るい生活ができるようになる」と信じて実験を繰り返していた。

そのおかげで我々は現在、夜も明るく生活できている。

ところが実際はどうだろう。

どんなに光の技術が発達しても、昼間の太陽の光には遠く及ばない。

これからも、人工の光の明るさが太陽の光の明るさと並ぶことはないだろう。

やや文学的な話になるが、

夜というのがどうして存在するのかといえば、隠し事をするためではないだろうか。

多くの悪事は夜に行われるものだし、
臭い物にはフタをして隠蔽《いんぺい》しようとするのも同じ理屈だ。
人は暗くなると何か隠したくなる本能があるのだ。

ところがこの本能に甘えていると痛い目に遭《あ》う。
夜は暗さでごまかせても、朝の光の中ではごまかせないからだ。
夜は厚化粧でごまかせても、朝は厚化粧ではごまかせない。
本当は夜の厚化粧もごまかせていないのだが、
男性も大人だから口に出して言わないだけだ。
女性がいくら太い足や大きなヒップを隠しているつもりでも、
そんなのは１００％男性にバレバレだ。
女性がいくらヒールを履《は》いて短い足を長く見せようとしても、
男性はちゃんとヒールの長さを差し引いて、
かかとから股間までの長さを極めて厳しい目で測っている。
女性は男性が鈍感と思っているが、
それはオンナゴコロに関してであって、
女性のルックスに関しては、男性は途方もなくうるさいものだ。

なぜなら男性は女性のルックスに興奮し、
勃起することによって子孫を残そうとする生き物だからである。
これに正面から反論できる人類の雄は、まずいないはずだ。
最近は、女性でも男性をルックスで選ぶ人たちが増えてきたというが、

男性はその100万倍は
女性のルックスにこだわっていると憶えておこう。

女性諸君は、男性のルックス偏重をナメてはいけないのだ。
本気で女性がルックスを磨きたければ、
朝の光に耐え得るように磨くことだ。

朝の光の中でも輝けるように、自分を磨こう。
そんな女性を、男たちは放っておかない。

朝の相手が愛せないなら、
その人とは結婚しないほうがいい。

TRACK 43

最近は結婚しない人が増えてきたが、
結婚に興味がない人ばかりではないようだ。
本当は結婚に興味津々なのに、
このまま行くと自分は結婚できそうにないから、
あえて無関心を装って虚勢を張っている男女も多い。
「この相手と結婚してもいいのか」と迷っている人も多いが、
その判断材料は朝にあると考えていい。
朝の相手が愛せるなら、その人と結婚していい。
朝の相手を愛せないなら、その人と結婚しないほうがいい。

特に寝起きというのは
その人のありのままが露呈する。

たとえどんなにスレンダー美人でも、

寝起きのだらしなさやしぐさが生理的に受けつけないこともある。
たとえどんなにイケメンエリートでも、
寝起きの口臭のキツさや表情が生理的に受けつけないこともある。
冗談ではなく、こうした些細なことが結婚してからは重要になるのだ。
たとえば私は、女性の口臭には滅法うるさい。
口臭がきつい女性がダメというのではない。
寝起きはどんなに美人でも口臭はするものだ。
私の場合は、「寝起きの口臭がキツくても、この子の口臭なら許せるな」
という女性とは縁を感じる。
反対に、「スゲー美人なのに、この口臭はないなぁ〜」
という女性とは縁を感じない。
もちろん他にもいろいろ無意識に本能がチェックしているのだろうが、
匂いというのはとても重要な判断材料ではないだろうか。

口臭に限らず、体臭も同じだ。

その人の汗の匂いが愛せるということは、
間違いなくその人のことが好きだという証拠だ。

その人の汗の匂いが愛せないということは、
本当はその人のことを愛していないのだ。
そもそも寝起きというのは、人の排泄《はいせつ》行為に次いで醜い姿ではないだろうか。
相手のその醜い姿を愛おしく思えるか否かは、
本当に相手のことを愛しているか否かの判断材料にはもってこいなのだ。
こればかりは努力によるものではなく、本能そのものによるものなのだから。

結婚相手を見極めるなら、寝起きの姿に注目してみよう。
本能そのもので相手を愛せるなら、その愛は本物。

あの人とマンネリを感じたら、
早朝デートで仕切り直し。

6

人生の勝負は、朝で決まる。

飛行機の朝イチ便は、運のいい人ばかりが集まっている。

TRACK 44

私はサラリーマン時代に年間50回以上、飛行機に搭乗していた。
おかげさまでマイレージが貯まって
カードのグレードはどんどんアップしていったし、
待ち時間は広々としたラウンジで優雅に仕事に没頭させてもらった。
私がビジネス上、とりわけ多く利用したのが朝イチ便だ。
最初のきっかけは、運賃が極端に安かったから
経費削減のため、試しに乗ってみようと思ったことからだ。
結論としては、朝イチ便を利用して本当に良かったと思っている。
人生を大きく変えたと言っても過言ではない。
朝イチ便はたいてい朝の6時台だったから、
朝イチの始発電車で空港に向かう必要があった。

つまり、朝からすべてが朝イチ続きなのだ。

朝から朝イチ続きだと、次第に朝イチの顔ぶれというのがわかってくる。

「飛行機の朝イチ便には眠そうな人がたくさん乗っている」

と思うかもしれないが、それは間違いだ。

特にプレミアムシートに乗っている朝イチのビジネスマンたちは、イキイキと真剣な眼差しで資料に目を通していたり、優雅に読書に没頭していたりしたものだ。

ここだけの話、飛行機の朝イチ便は比較的空いているからなのか、著名人や経済紙でよく目にするような大企業の社長とよく乗り合わせた。

私の隣に乗り合わせた著名人が女性で小柄だったこともあり、降りる際に頭上の荷物を私が取り出してあげたこともある。

また、名立たる会社の社長が朝イチの雲の上で読書している姿を目撃して、私の読書好きにも、より一層拍車がかかったものだ。

当時、私は本を出したくても出せない時期だったこともあり、本の著者と乗り合わせるとそれだけで妙に興奮したものだ。
このように、

飛行機の朝イチ便には間違いなく運のいい人が集まっている。

毎回その中に身を置いていた私は、
自然にそれらの運をもらっていたのだと思う。
そのため私は貯まったマイレージを金品に換えるのではなく、
毎回座席をアップグレードさせてマイレージを消化していた。
名もなく貧しい頃から積極的に、
一流と同じ空間に居合わせようと思っていたのだ。

一流と同じ空間を共有すると、自分のグレードも上がる。
人生を変えたいなら、朝イチの飛行機を利用しよう。

朝イチの新幹線は、
自由席が一番ぜいたくだ。

TRACK 45

飛行機に続いて新幹線も朝イチがおススメだ。
新幹線の朝イチに乗ったことがある人ならわかると思うが、
一番ぜいたくにスペースを使えるのはグリーン席ではなく自由席だ。
朝イチの新幹線の自由席は、
一人で三席分を使うことができるくらいに空いている。
むしろ朝イチは、指定席やグリーン席のほうが人口密度が高いくらいだ。
グリーン席に乗る人たちはそれだけ仕事ができる人が多いから、朝も早く、
結果としてそれほど空いていない状態になってしまうのだろう。

もしあなたがまだ下っ端で、
なおかつ優雅に出張したいのであれば、
新幹線は朝イチの自由席がおススメである。

混雑時のような席取り合戦に参加する必要もなく、精神衛生上もよろしい。
もちろん自由席には朝から爆睡している乗客もたくさんいるが、
あなた同様〝計画的に〟自由席を選んだ乗客も多い。
そんな乗客は朝から車内でバリバリ仕事をしているからすぐにわかる。
顔も名前も知らないお互いを、将来の成功者として刺激し合えばいい。
私も20代の頃はよく新幹線の朝イチで自由席を利用したものだが、
自分と同世代のサラリーマンらしき人たちと乗り合わせると
「よし、俺もやってやるぞ!」とやる気を漲《みなぎ》らせた。
東京—新大阪間で、たっぷり2時間は仕事に没頭できたから、
私にとってまさに動く仕事部屋だった。
何も仕事がなければ、それは大好きな読書の場となって、
1冊の本を熟読することもできた。
訪問先で話の流れがこちらに向いてきたら、

すかさず〝今朝読んだ本〟の披露をして商談もとんとん拍子に進んだものだ。
ついでに言っておくと、
ある程度出世したら、たとえ自腹で上乗せしてもグリーン席に座ったほうがいい。
特に本書の読者であれば、将来成功する可能性が高い。

新幹線のグリーン席は、時間と空間への確実な投資なのだ。

一度グリーン席に座ればわかるが、まず車両の雰囲気が違う。
それは乗客のグレードが違い、醸《かも》し出す空気が違うからだ。
上のステージの空気に慣れていくその過程こそが、あなたを成長させるのだ。

朝イチ新幹線の乗客は、バリバリ仕事をしている。成長したいなら、朝イチの自由席を利用しよう。

偉い人が毎朝喫茶店の
モーニングセットを食べているなら、
それはチャンスだ。

TRACK 46

地方では昔から、喫茶店のモーニングセットが定番だ。

サラリーマンは、これを食べてから出社する人も珍しくない。

私はつい最近まで、仕事で大阪市内に出向くたびに、いつも決まった喫茶店でモーニングセットを必ず食べていた。

都内でも八王子市や小金井市、羽村市などで仕事をしたことがあるが、場所によっては地方とほぼ同じ朝の光景が見られたものだ。

そして社長たちの中にも結構、このモーニングセットを食べてから出社している人がいるのだ。

実は私も地方出身だからモーニングセットが大好きで、地方出張の際はよく利用したものだ。

そして待ち構えていた顧問先の社員に捕まって、質問攻めにされたことも一度や二度ではない。

私がされたように、私もそれと同じことを別の人に何度もやったことがあるのだからお互い様だ。
偉い人が毎朝喫茶店のモーニングセットを食べているのなら、
それはチャンスだ。
もちろん朝の忙しい時に捕まえて迷惑をかけてはいけないが、
毎日通って顔を合わせるうちに
自然に声をかけられるくらいの関係になることなら十分可能だ。
喫茶店のマスターから紹介してもらえることもあるし、
何度か自分から率先して挨拶を交わすうちに
向こうからこちらに興味を持ってもらえることもある。
いずれにしても相手に興味津々だというオーラを漂わせながら、

おそれ多くて気安く話しかけられない、
という空気が相手に伝われば完璧だ。

もしも運良く先方から名刺をもらえたなら、
即日、お礼のハガキを書いてアプローチできる。
不思議なもので人は同じ空間で「食」という本能的な行為を共にすることで、
妙な仲間意識が芽生えてくるものなのだ。
結構なお偉いさんでも、喫茶店のモーニングセットに通い続けていたりするから、
本当に出逢いの穴場なのだ。
私が喫茶店のモーニングセットが好きになったのは、
幼少の頃から祖父によく連れていってもらったからだ。
当時から地元の会社経営者や、ちょっとした有名人を見かけたものだ。

**チャンスは意外なほど身近な場所に隠れている。
朝の喫茶店は、偉い人にも近づける出逢いの穴場。**

ひと駅前で降りて、
毎朝新しい道で通勤してみる。

TRACK 47

サラリーマン時代に私がよくやったのは、
毎朝、通勤コースを変えてみることだった。
通勤コースを変えるといっても、何も大袈裟なことではない。
道を一本脇に入ってみるとか、
あえて少し遠回りしてみるといった程度のことだ。
私は余裕を持って出社していたから、
ひと駅前で降りてよく歩いていた。
歩いてみると、灯台もと暗しで意外な通勤路を見つけたりして、
仕事にも応用できたことが本当に多かった。

あなたもひと駅前で降りて、
徒歩通勤を検討してみる価値はある。

毎朝、ひと駅分歩くだけで運動不足が解消され、

新しい道を開拓することによって脳トレにもなる。

実はこんなことをしょっちゅうやっていると、思わぬ発見や出逢いがある。

見てはいけないものを見て相手の弱みを握ってしまったこともあるし、

同じく徒歩通勤している同僚と偶然出逢って親しくなったこともある。

また、オフィスのすぐかたわらに社内の誰も知らないような

隠れ家的なカフェを見つけたこともあり、

仕事中によくそこでサボって思索に耽《ふけ》ったものだ。

誰も知らない近道を知っていたおかげで、

終電ギリギリまで仕事をしていたときも、悠然と歩いて間に合った。

ひと駅前で降りて、毎朝新しい道で通勤してみることによって、

サバイバル能力を磨いていたような気がする。

独立した今でも、この癖は変わらない。

同じコースを散歩するのではなく、必ずどこかで曲がってみたくなる。

その結果、行き止まりのこともあれば、抜け道を見つけることもある。
行き止まりであることがわかっても新しい発見だし、
抜け道を見つけることも新しい発見だ。
どちらにしても、何か新しいことをやれば必ず新しいことを発見できるのだ。
すでにお気づきのように、これは人生とまさに同じだ。
人生という迷路は、全部塗り潰さないともったいない。
人生という迷路は最短に見えたところが実は一番遠回りであり、

一番遠回りに見えたところが最短であることが多い。

毎朝新しい道を開拓することによって、
私は人生という迷路を予習していたのだ。

「いつもの道」をちょっと外れて、新しい何かを発見する。
時には、意外な抜け道を見つけることもできる。

旅先では、朝5時台の散歩が
朝食を一層おいしくする。

TRACK 48

旅をしたら、ぜひ朝の5時台に、旅館の近所を散歩してみよう。

見知らぬ土地の早朝の散歩は、実に気持ちがいいものだ。

なぜ朝5時台かといえば、朝6時台になると
もう人々の生活が始まって騒がしくなってくるからだ。
特に地方では朝6時台に家を出るサラリーマンは結構多く、
車のエンジンをかける音も増えて、
くつろげるムードは薄らいでしまう。
これが朝5時台だと外はまだ薄暗いが、生活音といえば
朝食の準備をしている旅館の厨房と新聞配達の原付自転車くらいだ。
そのくらいの生活音ならむしろ味わいがあっていいものだ。
何よりも早朝は空気が澄んでいるから、体中に新鮮な酸素を取り込むことで、

精気が漲って全身の細胞が活性化してくるのがわかる。
そして早朝の散歩の醍醐味《だいごみ》といえば、
何といってもその土地特有の匂いが嗅げることだ。
匂いとはこれまた随分マニアックな話が始まったと思うかもしれないが、
その土地の匂いを体で憶えていくことが私にとっては旅の目的なのだ。
その土地の匂いはその土地の土の匂いだ。
土にはその土地のすべてが含まれており、その土地の命を支えている。
土がなければ我々の命はないのだ。
「身土不二《しんどふじ》」という言葉があるが、人は自分が生まれ育った土地で
その季節にとれた旬の食材を食べるのが健康にいいとされている。
身土不二というのは、自然の摂理の究極なのだ。
旅先ではその地元の人たちの身土不二を存分に味わえる。
早朝の散歩から戻ってしばらくすると、

旅館ではたいてい朝6時半から朝食の用意をしてくれる。
前もって**その土地の新鮮な空気と土の香りを味わっておけば、朝食が一層おいしくなるのは言うまでもない。**

土と命は切り離せない関係にある。
食事の前に「いただきます」と唱えるのは、その土地で育てられた食材たちの命を「いただきます」という意味なのだ。

旅に出たら、早朝に散策し、土地のエネルギーを吸収しよう。新鮮な空気と土の香りで、朝食が一層おいしくいただける。

テレビニュースは、
深夜より朝5時台が面白い。

TRACK 49

今でもテレビを見るのが好きな人は多いだろう。
新聞を読むのは億劫だからと、
帰宅後にまとめて夜のニュースを見ている人は多い。
あるいは、毎日ネットニュースをチェックしているだけという人も増えた。
私もその一人だ。

もしあなたがテレビ派なら、
ぜひ一度、朝5時台のニュースを見てもらいたい。

特に私は地方出張の際に、
宿泊したホテルのテレビで朝のニュースを見ることが多い。
その地元ならではのキャスターがその地元ならではのニュースを読み上げ、
その声は日中よりずっと元気だ。
朝のニュースがなぜ元気なのかといえば、

視聴者に目を覚ましてもらうためだ。
それに加え、スタッフたち自身も元気になりたいと思っているのだ。
だから早朝ニュースは深夜ニュースと比較すると、
明らかにテンションが高い。
注意して聴いていると、
早朝ニュースは深夜よりも日本語の間違いがやや多いという欠点もある。
さすがにプロだけあって、寝起きで呂律《ろれつ》が回らないという失態は少ないが、
頭の中まではまだフル回転していないように思う。

だが、早朝ニュースはダントツで元気が重視だから、
それでいいのだ。

スタッフたちの人間らしさと、
ニュースそれ自体の新鮮さを味わえばいい。

ちなみに私の大学時代には目覚まし時計ではなく、目覚ましテレビとしてタイマーセットしていた。

目覚まし時計は無意識に消して二度寝してしまうことが多いのに対し、目覚ましテレビは目を閉じたままの状態でも音だけで画面を想像しているうちに目が覚めてくるからだ。

「この声はきっと美人に違いない」と想像力を膨《ふく》らませてパチッと目を開くと、想像以上だったり想像とはまるで違ったりすることもある。

いずれにしてもそれですっかり目が覚めていた。

朝5時台のテレビニュースは、昼間のニュースにないテンションの高さと元気に溢れている。

独立の醍醐味は、
どんなに早朝からでも
仕事が開始できることだ。

TRACK 50

私の本の読者には独立願望の強い人が多い。
そんな人たちからの質問で最も多いのが
「独立して一番の醍醐味は何ですか？」というものだ。
それは、どんなに早朝からでも仕事が開始できることだ。
基本的に、独立して成功するのは三度の飯より仕事が好きな人間だ。
つまり、自分の仕事が好きでたまらず、究極は通勤時間ゼロで、
起床したらすぐに仕事を開始したい種類の人たちだ。

実は私は今、この原稿を
日曜の夜明け前に執筆している。

たまたまお手洗いに行くために起床したところ、
そのまま目が覚めてしまったからだ。
起床した瞬間にすでに執筆モードになっているのだ。

これがサラリーマンだと、夜中の3時に目が覚めたら
「うわっ、まだこんな時間かよ。もったいない、もったいない」

と慌てて二度寝するはずだ。

ところが独立すれば、自分の好きなように環境は工夫し放題だから、
その気になればいつでもどこでも仕事が開始できる。

「独立して成功したら、サラリーマンと違ってずっとゆっくり寝ていられる」

と思っている人がいるかもしれないが、実際にそういう成功者は少ない。

本当に成功するということは、

自分の好きなことを
好きなときにできるようになることだ。

儲かるからという理由で嫌いなことでも我慢してやっている人は、
本当の成功者とは言えない。

儲かるからという理由だけで嫌いなことを我慢してやっていると、
人生すべてを嫌いなことで埋め尽くしてしまう地獄の人生に突入だ。
それでは、何のために脱サラしたのかわからない。
あまり大きな声では言えないが、
これまでにそんな成功者を数多く見てきた。
私の周囲にいる成功者たちは全員、
自分の好きなことを仕事にして成功している幸せな人たちばかりだ。
仕事で楽ができるから独立するのではなく、仕事が楽しいから独立するのだ。
誰に制限されるわけでもなく、
独立したら仕事をし放題になるのが、一番幸せなのだ。

独立とは楽をしたいためにするのではなく、
思い切り好きな仕事をしたいためにするべきもの。

朝日を浴びながら
ストレッチする習慣は、
全身の細胞を活性化させる。

TRACK 51

私はコンサル時代に様々なエグゼクティブたちと仕事をさせてもらった。
中でもとりわけ親しくなった人たちからは、
彼らの健康維持のコツを教えてもらったものだ。
なぜ、健康に関してそれほどまでに情報が集まってくるかといえば、

人は財力も地位も獲得すると、
最後には不老不死を求めるようになるからだ。

だから経営者の集まりでは、必ずといっていいほど健康の話になる。
医学博士などの推薦で話題になっているサプリメントや健康法は、
実は十数年前から経営者の間ではごく普通に知られていたものばかりだ。
私のサラリーマン時代、全国の経営者向けに大型セミナーを開催した際に、
会場では協賛企業に出展ブースを設置してもらっていた。
その際に人気が集中するのは決まって、健康に関する商品のブースだった。

中には目が飛び出るくらいの高額商品もあったが、飛ぶように売れていた。

そんな健康オタクの集団である経営者たちから私が教わった共通項は、拍子抜けするほどシンプルなものだった。

健康器具やサプリメントに関しては皆それぞれに持論があってバラバラだったが、ある習慣に関しては見事に一致していた。

それは、朝日を浴びながらストレッチする習慣があったということだ。

ストレッチといってもこれまた各自バラバラなのだが、太極拳をやっている人もいれば、小学時代の夏休みにやっていたラジオ体操を継続している人もいた。

あるいは早朝のウォーキングが日課だと言う人もいたし、独自の腕振り運動をやっている人もいた。

もう何十年も続けている人の共通点は、たいていは10分以内、最長でも30分程度で終了するくらいのお手軽なストレッチだった。
汗をびっしょりかくほどの激しい運動を何十年と
継続できている人はいなかった。
ここで大切なことは、〝朝日を浴びながら〟という部分だと思う。

太極拳も、ラジオ体操も、ウォーキングも、腕振り運動も、
それらすべては朝日を浴びるからこそ効果があるのだ。

私も日々のストレッチは必ず朝日を浴びながらやっている。
朝日を浴びながらストレッチすると、
全身の細胞が活性化していくのがわかるのだ。

朝日には、生命《いのち》を活性化させるエネルギーが詰まっている。

今日も朝、
目が覚めたことに感謝する。

TRACK 52

感謝が大切なことは誰でも知っている。
感謝するとどこか心が洗われたような気がして、
気分が良くなるのは間違いない。

**ところが人は感謝を忘れることで、
様々な問題を発生させる。**

すべての問題を原因の原因である真因まで追究していくと、
そこには「感謝を忘れていた」という事実が浮き彫りになるのだ。
会社の売上が落ちる真因は、感謝を忘れていたからだ。
人間関係のトラブルの真因は、感謝を忘れていたからだ。
体調不良の真因は、感謝を忘れていたからだ。
きっと自然の摂理として、感謝を忘れた頃に何か問題を発生させることで、
感謝を思い出させてくれているのだろう。

何やら宗教のような話に聞こえるかもしれないが、そうではない。
自然界というのは超複雑に見えて、実は超シンプルなのだ。
宗教では「罰《ばち》が当たる」という教えがあるが、自然界では罰は当たらない。
自分が原因を作ったことに対して、
巡り巡って自分に結果が返ってくるだけの話だ。
すぐに返ってくる場合は、そっくりそのまま同等のものが返ってくる。
時差を経て返ってくる場合は、雪だるま式に利息をつけて返ってくる。
良いことをすれば良いことが返ってきて、
悪いことをすれば悪いことが返ってくると思っている人がいるが、
自然界ではもともと善悪の区別は存在しないのだ。
善悪は人が勝手に決めたことであり、
自然界は淡々とバランスを取ろうとしているだけなのだ。
あなたも学校の理科の授業で振り子の動きを見たことがあるはずだ。

あの振り子のリズミカルな動きこそ、自然界の縮図なのだ。

右に一杯振れた振り子は、今度は左に一杯振れようとする。

そして左に一杯振れた振り子は、再び右に一杯振れようとする。

自然界はひたすらこの繰り返しである。

人類の歴史が静と動を繰り返すのも、善悪の問題ではなく、ただ粛々《しゅくしゅく》と自然の摂理に従っているだけなのだ。

壁にぶつかったあなたがまずできることは、

朝、目が覚めたことに感謝することだ。

感謝を思い出せば、感謝を忘れたことによって起こったありとあらゆる問題は自然に解決するのだ。


感謝を忘れると、様々な問題が発生する。

そんなとき、朝の感謝で問題は自然に解決していく。

幸せな人生のヒントは、
すべて朝にあり。

The early bird gets on in life.

『お金を稼ぐ人は、なぜ、筋トレをしているのか？』
『さあ、最高の旅に出かけよう』
『超一流は、なぜ、デスクがキレイなのか?』

<ソフトバンク クリエイティブ>
『人生でいちばん差がつく20代に気づいておきたいたった１つのこと』
『本物の自信を手に入れるシンプルな生き方を教えよう。』

<ダイヤモンド社>
『出世の教科書』

<大和書房>
『「我慢」と「成功」の法則』
『20代のうちに会っておくべき35人のひと』
『30代で頭角を現す69の習慣』
『孤独になれば、道は拓ける。』

<宝島社>
『死ぬまで悔いのない生き方をする45の言葉』
【共著】『20代でやっておきたい50の習慣』
『結局、仕事は気くばり』
『仕事がつらい時 元気になれる100の言葉』
『本を読んだ人だけがどんな時代も生き抜くことができる』
『本を読んだ人だけがどんな時代も稼ぐことができる』
『１秒で差がつく仕事の心得』
『仕事で「もうダメだ！」と思ったら最後に読む本』

<ディスカヴァー・トゥエンティワン>
『転職１年目の仕事術』

<徳間書店>
『一度、手に入れたら一生モノの幸運をつかむ50の習慣』
『想いがかなう、話し方』
『君は、奇跡を起こす準備ができているか。』

<永岡書店>
『就活で君を光らせる84の言葉』

<ナナ・コーポレート・コミュニケーション>
『15歳からはじめる成功哲学』

<日本実業出版社>
『「あなたから保険に入りたい」とお客様が殺到する保険代理店』
『社長！この「直言」が聴けますか？』
『こんなコンサルタントが会社をダメにする！』
『20代の勉強力で人生の伸びしろは決まる』
『人生で大切なことは、すべて「書店」で買える。』
『ギリギリまで動けない君の背中を押す言葉』
『あなたが落ちぶれたとき手を差しのべてくれる人は、友人ではない。』

<日本文芸社>
『何となく20代を過ごしてしまった人が30代で変わるための100の言葉』

<ぱる出版>
『学校で教わらなかった20代の辞書』
『教科書に載っていなかった20代の哲学』
『30代から輝きたい人が、20代で身につけておきたい「大人の流儀」』
『不器用でも愛される「自分ブランド」を磨く50の言葉』
『人生って、それに早く気づいた者勝ちなんだ！』
『挫折を乗り越えた人だけが口癖にする言葉』
『常識を破る勇気が道をひらく』
『読書をお金に換える技術』
『人生って、早く夢中になった者勝ちなんだ！』

<ＰＨＰ研究所>
『「その他大勢のダメ社員」にならないために20代で知っておきたい100の言葉』
『もう一度会いたくなる人の仕事術』
『好きなことだけして生きていけ』
『お金と人を引き寄せる50の法則』
『人と比べないで生きていけ』
『たった１人との出逢いで人生が変わる人、10000人と出逢っても何も起きない人』
『友だちをつくるな』
『バカなのにできるやつ、賢いのにできないやつ』

<マネジメント社>
『継続的に売れるセールスパーソンの行動特性88』
『存続社長と潰す社長』
『尊敬される保険代理店』

<三笠書房>
『「大学時代」自分のために絶対やっておきたいこと』
『人は、恋愛でこそ磨かれる』
『仕事は好かれた分だけ、お金になる。』
『１万人との対話でわかった 人生が変わる100の口ぐせ』
『30歳になるまでに、「いい人」をやめなさい！』

<リベラル社>
『人生の９割は出逢いで決まる』

千田琢哉著作リスト

<アイバス出版>

『一生トップで駆け抜けつづけるために20代で身につけたい勉強の技法』

『一生イノベーションを起こしつづけるビジネスパーソンになるために20代で身につけたい読書の技法』

『1日に10冊の本を読み3日で1冊の本を書く ボクのインプット&アウトプット法』

『お金の９割は意欲とセンスだ』

<あさ出版>

『この悲惨な世の中でくじけないために20代で大切にしたい80のこと』

『30代で逆転する人、失速する人』

『君にはもうそんなことをしている時間は残されていない』

『あの人と一緒にいられる時間はもうそんなに長くない』

『印税で１億円稼ぐ』

『年収1,000万円に届く人、届かない人、超える人』

『いつだってマンガが人生の教科書だった』

<朝日新聞出版>

『仕事の答えは、すべて「童話」が教えてくれる。』

<海竜社>

『本音でシンプルに生きる！』

『誰よりもたくさん挑み、誰よりもたくさん負けろ！』

<学研プラス>

『たった２分で凹みから立ち直る本』

『たった２分で、決断できる。』

『たった２分で、やる気を上げる本。』

『たった２分で、道は開ける。』

『たった２分で、自分を変える本。』

『たった２分で、自分を磨く。』

『たった２分で、夢を叶える本。』

『たった２分で、怒りを乗り越える本。』

『たった２分で、自信を手に入れる本。』

『私たちの人生の目的は終わりなき成長である』

『たった２分で、勇気を取り戻す本。』

『今日が、人生最後の日だったら。』

『たった２分で、自分を超える本。』

『現状を破壊するには、「ぬるま湯」を飛び出さなければならない。』

『人生の勝負は、朝で決まる。』

<KADOKAWA>

『君の眠れる才能を呼び覚ます50の習慣』

<かんき出版>

『死ぬまで仕事に困らないために20代で出逢っておきたい100の言葉』

『人生を最高に楽しむために20代で使ってはいけない100の言葉』

ＤＶＤ『20代につけておかなければいけない力』

『20代で群れから抜け出すために顰蹙を買っても口にしておきたい100の言葉』

『20代の心構えが奇跡を生む【CD付き】』

<きこ書房>

『20代で伸びる人、沈む人』

『伸びる30代は、20代の頃より叱られる』

『仕事で悩んでいるあなたへ 経営コンサルタントから50の回答』

<技術評論社>

『顧客が倍増する魔法のハガキ術』

<KKベストセラーズ>

『20代　仕事に躓いた時に読む本』

<廣済堂出版>

『はじめて部下ができたときに読む本』

『「今」を変えるためにできること』

『「特別な人」と出逢うために』

『「不自由」からの脱出』

『もし君が、そのことについて悩んでいるのなら』

『その「ひと言」は、言ってはいけない』

『稼ぐ男の身のまわり』

<実務教育出版>

『ヒツジで終わる習慣、ライオンに変わる決断』

<秀和システム>

『将来の希望ゼロでもチカラがみなぎってくる63の気づき』

<新日本保険新聞社>

『勝つ保険代理店は、ここが違う！』

<すばる舎>

『今から、ふたりで「５年後のキミ」について話をしよう。』

『「どうせ変われない」とあなたが思うのは、「ありのままの自分」を受け容れたくないからだ』

<星海社>

『「やめること」からはじめなさい』

『「あたりまえ」からはじめなさい』

『「デキるふり」からはじめなさい』

<青春出版社>

『リーダーになる前に20代でインストールしておきたい大切な70のこと』

<総合法令出版>

『20代のうちに知っておきたい お金のルール38』

『筋トレをする人は、なぜ、仕事で結果を出せるのか?』

著者紹介

千田琢哉（せんだ　たくや）

文筆家。

愛知県犬山市生まれ、岐阜県各務原市育ち。

東北大学教育学部教育学科卒。日系損害保険会社本部、大手経営コンサルティング会社勤務を経て独立。コンサルティング会社では多くの業種業界における大型プロジェクトのリーダーとして戦略策定からその実行支援に至るまで陣頭指揮を執る。のべ3,300人のエグゼクティブと10,000人を超えるビジネスパーソンたちとの対話によって得た事実とそこで培った知恵を活かし、"タブーへの挑戦で、次代を創る"を自らのミッションとして執筆活動を行っている。

著書は本書で114冊目。

E-mail：info@senda-takuya.com
ホームページ：http://www.senda-takuya.com/

人生の勝負は、朝で決まる。

2016年1月26日　第1刷発行
2016年2月17日　第3刷発行

著　者 —— 千田琢哉
発行人 —— 鈴木昌子
編集人 —— 吉岡　勇
編集長 —— 倉上　実
発行所 —— 株式会社 学研プラス
〒141-8415　東京都品川区西五反田2-11-8
印刷所 —— 中央精版印刷株式会社

〈この本に関するお問い合わせ先〉

【電話の場合】
●編集内容については TEL03-6431-1473（編集部直通）
●在庫・不良品（落丁・乱丁）については　TEL03-6431-1201（販売部直通）
【文書の場合】
〒141-8418　東京都品川区西五反田2-11-8　学研お客様センター
『人生の勝負は、朝で決まる。』係
〈この本以外の学研商品に関するお問い合わせ先〉
TEL03-6431-1002（学研お客様センター）